참 고마운신 Y

그리고 오심

그림으로 신학하기

초판 1쇄 2021년 3월 29일
　　2쇄 2022년 6월 29일

지은이 구미정
펴낸이 민대홍
펴낸곳 서로북스
출판등록 2014.4.30 제2014-141호
주소 경기도 파주시 회동길 480 A동 407호
홈페이지 www.seoro2.com
이메일 pfpub@naver.com
팩스 0504-137-6584

ISBN 979-11-87254-34-8 (03230)

ⓒ 서로북스, 2021
ⓒ Marc Chagall / ADAGP, Paris - SACK, Seoul, 2021
ⓒ 2021 - Succession Pablo Picasso - SACK (Korea)
이 서적 내에 사용된 일부 작품은 SACK를 통해 ADAGP와 저작권 계약을 맺은 것입니다.
저작권법에 의하여 한국 내에서 보호를 받는 저작물이므로 무단 전재 및 복제를 금합니다.

그림으로
신학하기

구미정 지음

서로북스

들어가며

"반장, 지금 뭐 하냐? 영화 보고 있지?" 고등학교 2학년 때 담임선생님은 학생을 친구처럼 대하기로 유명하셨다. 그분이 토요일 밤 10시에 내게 기습 전화를 걸었다는 건 월요일에 시험이 예정돼 있다는 뜻이었다. 그러거나 말거나, 나는 그 시간을 무조건 <주말의 명화>에 홀라당 갖다 바쳤다. 밥은 건너뛸 수 있어도 <주말의 명화>만큼은 빼먹을 수 없었다. 단언컨대, 나의 감성을 키운 8할은 <주말의 명화>였다.

나의 어린 시절은 우울했다. 아버지의 사업 부도로 가정이 해체되어 졸지에 외할머니와 살게 됐다. 외할머니가 아무리 살뜰하게 챙겨주신들 부모의 그늘을 벗어난 아이의 불안과 두려움이 해소될 리 없었다. 시도 때도 없이 가슴팍에 불어닥치는 찬바람에 휘청댈 때가 많았다. 그런 와중에도 무너지지 않은 건 <주말의 명화> 덕분이었다. 시그널 음악이 울려 퍼질 때면 괜스레 가슴이 두방망이질해 댔다. 영화 속 세상과 그 세상에서 살아가는 다양한 사람들의 삶을 상상하는 것만으로도 답답한 현실에 숨구멍이 틔는 기분이었다.

소아과 의사이자 정신분석학자인 도널드 위니캇(Donald Winnicott, 1896

~1971)은 어린아이의 발달과정에 '상상 놀이'가 핵심이라고 말한다. 이야기나 노래를 통해, 또는 친구들과 소꿉장난, 인형 놀이 등을 하면서 아이들은 미지의 세상에 대해, 그리고 타인의 마음에 대해 지도를 그린다. 너그러움과 이타심을 발휘하는 법도 배운다. 그러니 어른들은 아이들이 늘 '제정신'이기만 바라서는 안 된다. 상상 놀이를 박탈당한 아이야말로 진짜 가난한 아이다.

우리 시대의 저명한 법철학자이자 정치철학자요 윤리학자인 마사 누스바움(Martha Nussbaum, 1947~)도 어린 시절의 예술 체험이 지니는 긍정적 영향을 지적한다. 여섯 살 때 동생을 본 그녀는 부모의 관심이 온통 동생에게로 쏠리자 몹시 불안했다. 그때 할머니가 오페라 극장에서 <리골레토>(Rigoletto)를 보여 주셨다. 그 뒤로 이 오페라의 마지막 장면을 재연하며 노는 과정에서 "비극을 겪으면서도 숨 쉬는 법"을 스스로 체득했다고 고백한다.(마사 누스바움, 『타인에 대한 연민』, 임현경 옮김, 알에이치코리아, 2020: 74)

아이들은 그렇게 자란다. 예술의 가치는 이루 말할 수가 없다. 『안네의 일기』만 보더라도, 나치의 박해를 피해 다락방에 숨어지내는 참혹한 현실을 예술적 상상력으로 버텨내지 않던가? 안네가 자신의 일기장을 '키티'라 부르면서 내면의 목소리를 옮겨 적는 시간이야말로 현실을 초월하는 강력한 구원의 파장을 형성했을 터.

이 책은 어른이 되면서 점점 옅어진 예술적 감성을 일깨우기 위해 기획되었다. 그러니까 이 책이 잉태된 역사를 짚으려면 십 년 전으로 거슬러 올라가야 한다. CBS TV <성서학당>에서 '성서 속 여성들'과 '마가복음'을 강의하던 때였다. 내가 참여하기 전까지 <성서학당>은 남성 목회자와 신학자 일색이었기에, 어떻게든 차별화를 이루고 싶었다. 여성의 눈, 여성의 목소리, 여성의 감성을 담아 성서를 풀이하고 싶다는 바람이 무겁게 어깨를 짓눌렀다. 그때 발견한 도구가 그림이었다. 강의 주제와 내용에 어울리는 그림들을 곁들여 설명하니 훨씬 부드러우면서도 강력한 메시지를 전달할 수 있었다.

특히 김학철 교수님(연세대학교)의 『렘브란트, 성서를 그리다』(대한기독교서회, 2010)가 큰 도움이 되었다. 책의 인기에 힘입어 출판사 측에서 북 콘서트를 열었을 때, 내가 사회를 본 기억이 새록새록 난다. 노래 잘하는 제자들까지 이끌고 가서 잔치 분위기를 한껏 띄웠더랬다. 그 자리에서 문화예술에 대한 한국교회의 '타는 목마름'을 엿보았다.

내친김에 내가 오랫동안 몸담아온 숭실대학교 기독교학대학원 기독교역사문화학과에 '렘브란트 미술순례'라는 과목을 개설해 달라고 요청했다. 이 제안이 받아들여져 2012년부터 수업을 꾸려오고 있는데, 매번 수강생들의 반응이 뜨거웠다. 렘브란트에서 시작된 우리의 미술 순례는 시간이 축적되면서 점차 빈센트 반 고흐를 거쳐 마르크 샤갈, 파블로 피카소, 살바도르 달리 등 현대미술을 가로지르는 지경까지 진화했다.

이러한 예술적 관심은 내가 쓴 『구약 성서: 마르지 않는 삶의 지혜』(사계절, 2015)에도 고스란히 반영됐다. 그 책은 '주니어 클래식' 시리즈 13번으로 세상에 나왔다. 이 시리즈의 기획 의도가 고전을 인문교양 차원에서 알기 쉽게 소개하는 데 있었으므로, 일반인에게 성서의 문턱을 낮추자니 그림이 '신의 한 수'였다. 책 곳곳에 그림을 배치했는데, 용케도 이 노력을 이문재 시인(경희대 후마니타스칼리지 교수)께서 알아봐 주셨다. 그분이 『기독교사상』(2015년 10월 호)에 내 책의 서평을 쓰시면서 "나는 구 교수께서 서양종교화를 해석하는 책을 따로 하나 내주셨으면 한다"고 덧글을 다셨다.

말은 씨앗이 된다. 사람의 머리에 박히고 가슴에 뿌리내려 손에서 자란다. 이문재 시인께 이제라도 답할 수 있어서 천만다행이다. 격려해 주신 덕분에 용기를 낼 수 있었다.

새 학기 개강에 맞춘답시고 일정을 촉박하게 잡는 바람에 육체를 갈아 넣는 무리수를 둔 것이 못내 죄스럽다. 다시는 그런 식으로 일하지 않겠다고 나 자신과 약속했건만 전혀 지키지 못했다. 그새 돌보지 못한 영혼이 있다면 용서하시라. 혹여 모자란 부분이 있다면 다음에 천천히 보탤 테니 따스한 눈길로 보아주시라.

지난겨울 내내 위대한 화가들과 연애하며 지냈다. 그러나 이 연애의 끝은 결국 하나님으로 수렴된다. 요컨대 이 책은 내가 실험적으로 몰두하고 있는 신학 놀이의 연장이다. 『한 글자로 신학하기』(대한기독교서회, 2007), 『두 글자로 신학하기』(2013)를 재미있게 읽은 독자라면, 이번에도 신나게 신학 놀이를 즐길 수 있을 것이다.

이 책이 우선 나와 함께 수업을 만들어가는 학생들에게 길잡이가 되기를 바란다. 나아가 예술 감성에 기대어 기독교 신앙을 더욱 깊이 있게 다듬기 원하는 신자들께도 도움이 되었으면 좋겠다. 기독교의 반(反)지성주의와 기독교인의 맹신주의에 염증이 나서 자칫 하나님까지 밀쳐둔 비신자들이 계시면, 이 책에서 보물을 찾아보라고 권하고 싶다. 서양 종교화를 읽는 안목뿐만 아니라 하나님의 신비로운 뜻까지 덤으로 챙길 수 있을 것이다.

나에게 책 쓸 시간을 허락해주신 이은교회 교우님들께 감사드린다. 여러모로 서툰 목사를 인내와 관용으로 참아주시니 이 사랑을 어찌 갚을지 모르겠다. 이 책의 출판을 기꺼이 맡아준 서로북스의 민대홍 대표에게도 감사의 인사를 전한다. 김학철 교수님의 북 콘서트에서 기타를 치며 노래를 부르던 제자가 든든한 나무로 성장해가는 모습을 지켜보는 건 큰 즐거움이다. 끝으로 언제나 나를 위해 기도하시는 팔순의 어머니와 멀리서 또는 가까이서 응원해주시는 곁님들께 이 책을 바친다.

2021년 2월 21일
구미정

차례

들어가며 … 4

01 **성서**
'오직 성서'만으로 충분한가 … 11

02 **창조**
합리와 무지가 충돌할 때 … 21

03 **나그네**
자발적 유목민이 된다는 것 … 33

04 **도시**
소돔의 욕망을 해부하다 … 51

05 **언약**
하나님이 세상에 보내는 연애편지 … 67

06 **믿음**
맹목과 광신을 넘어서 … 83

07 **아름다움**
시선의 폭력과 욕망의 틈바구니에서　　　　　　97

08 **가난**
가난한 사람은 복이 있나니　　　　　　　　　　117

09 **감정**
우리가 살아있다는 증거　　　　　　　　　　　135

10 **허무**
모든 것이 헛되나, 이것 하나만은　　　　　　　153

11 **공동체**
유토피아를 꿈꾸다　　　　　　　　　　　　　175

12 **죽음**
'메멘토 모리'해야 '아모르 파티'한다　　　　　193

　　　그림 목록　　　　　　　　　　　　　　　212

1. 성서

'오직 성서'만으로 충분한가

1. 성서
- '오직 성서'만으로 충분한가

인류의 고전인 성서

아주 기초적인 이야기지만, 성서(聖書)와 성경(聖經)의 차이를 짚어보자. 일부 '믿음 좋은' 사람 중에는 성서라는 표현에 예민하게 반응하는 이들이 있다. 그런 정서의 밑바닥에는 성경이라고 부르면 신자요, 성서라고 부르면 불신자라는 이분법이 깔려 있다. 성경이라고 해야 권위 있는 경전의 냄새가 나지, 성서라고 하면 일반 책과 똑같이 낮잡아 부르는 말 같아 불쾌하다고 여긴다.

하느님과 하나님도 마찬가지다. 독실한 신자일수록 둘은 다르다고 주장하는 경향이 있다. 통상 '하느님'은 가톨릭이, '하나님'은 개신교가 사용하는 호칭이다. 하지만 이 두 부름말이 각각 다른 대상을 지칭하는 것은 아니다. 『훈민정음 해례본』에 들어 있던 '아래 아'(ㆍ)만 살아있었더라도 다 해결되었을 문제다.[1] 왜냐하면 하느님이든 하나님이든 어차피 'ᄒᆞ님'이기 때문이다.

백번 양보하여, 설령 하느님과 하나님이 각각 다른 말이라고 해보자. 하느님은 '하늘+님'의 합성어로 천주(天主)를 가리키고, 하나님은 '하나+님'의 합성어로 유일신을 가리킨다고 치자. 하나님이 '하늘에 계신 아버지'인 한, 그리고 이때의 하늘이 눈에 보이는 저 창공(sky)이 아니라 하나님이 거하시는 공간(heaven)에 대한 은유인 한, 둘은 다른 말이 아니다. 복음서에서도 '하나님 나라'나 '하늘나라'나 그 의미는 똑같다.[2]

하나님과 하느님이 대치하는 희한한 상황이 당장에 영어권 나라로만 시선을 옮겨도 전혀 의미 없는 일이다. 성서와 성경 논쟁도 마찬가지다. 영어로 '성서'를 가리키는 '바이블'(Bible)은 그리스어 '비블리아'(biblia)에서 온 것으로, '책들'이라는 말이다. 높여서 '홀리 바이블'(Holy Bible)이라고 부르기도 하는데,

---

* 이 장의 글들은 내가 쓴 『구약 성서: 마르지 않는 삶의 지혜』, 사계절, 2015: 15-23과 많은 부분이 겹친다.

1 일제강점기 조선총독부가 1912년에 발표한 '보통학교용 언문철자법' 통일안에서 아래 아(ㆍ)를 폐지하는 등 여러 가지 '개혁'을 단행한 이래, 한글은 'r'과 'l', 'b'와 'v', 'p'와 'f'를 제대로 발음할 수 없는 '불구어'(不具語) 취급을 받게 되었다. 그런 영어 발음을 잘하게 하려고 급기야 자녀의 혀(설소대)에 칼을 대는 수술까지 유행한다니, 세종대왕이 지하에서 통곡할 일이다.

2 "하나님의 이름을 함부로 부르지 말라"는 십계명의 제3계명에 따라 '하나님'이 들어갈 자리에 '하늘'을 집어넣은 것은 유대인 공동체를 위해 복음서를 저술한 『마태복음』 기자의 탁월한 문학적 재능이었다.

그래 봤자 문자적으로는 '거룩한 책들'이라는 뜻이다. 이를 한자어로 그대로 옮긴 게 '성서'(聖書)이니 그 자체로 손색이 없다. '서'라고 하면 왠지 낮아 보이고 '경'(經)이라고 하면 높아 보이는 편견이 문제다.[3]

오히려 전도를 위해서는 성경보다도 성서라는 표현이 더 적절할 수 있다. 성경이라고 하면 신앙고백을 전제한 말로 들리지만, 성서라고 하면 신앙이 있거나 없거나 상관없이 한번 읽어볼 만하다는 마음이 드니까 말이다. 기독교 밖의 사람들과 대화하고 소통하려는 열린 마음이 있는 한, 성경이라는 표현을 고집할 이유가 없다.

성서는 인류의 고전이라는 인식이 필요하다. 고전은 영어로 '클래식'(classic)이라고 한다. 음악에서는 바흐나 모차르트, 베토벤 같은 경우가 여기에 해당한다. 직접 들어본 적이 없더라도, 잘 이해하지 못한다 해도, 어쩐지 친숙한 게 클래식 음악이다. 요즘 방탄소년단(BTS)의 음악이 지구촌 전체를 들썩이게 한다고 해서 클래식 음악이라고 말하지는 않는다. 클래식의 반열에 오르기 위해서는 최소 몇백 년의 시간이 필요하다. 성서는 수천 년의 시간을 견디고 살아남았다. 지금도 살아서 계속 말을 건다. 그러니 성서를 기독교인들만의 경전으로 제한하거나 독점해서는 안 된다.

<마태와 천사>를 보는 두 가지 시각

서양의 종교화에서도 성서를 바라보는 관점 차이가 존재한다는 게 흥미롭다. 바로크 미술의 대가로 꼽히는 이탈리아 화가 카라바조(Michelangelo da Caravaggio, 1573~1610)가 그린 <마태와 천사 2>(1602~3)[그림1]를 보자. 예수의 제자 마태가 마태복음을 기록하는 장면을 담았는데, 이 그림 앞에서는 감히 성경을 성서라고 부르면 큰일 날 것 같다. 천사가 위에 있고 마태가 아래에 있는 수직

---

[3] 서와 경을 엄밀히 구분하고 싶어 하는 경향은 한자 문화권 속에서 유교의 영향이 클 텐데, 유교에서도 '사서'(四書), 곧 『논어』·『맹자』·『대학』·『중용』과 '삼경'(三經), 곧 『시경』, 『서경』, 『역경』을 한데 묶어 경전으로 치니, 서보다 경이 더 높다는 편견과는 거리가 멀다.

그림 1 <마태와 천사 2>, 카라바조, 1602-03

구도 자체가 권위주의적이어서, 보는 이로 하여금 위압감을 느끼게 만든다.

그림에서 천사는 마태에게 무엇을 어떻게 쓸지 일일이 지도하는 중이다. 천사의 손가락을 보아하니, 1장 1절은 뭐라고 쓰고, 2절은 뭐고, 하나하나 가르쳐주는 듯하다. 천사의 지시사항을 놓칠까 봐 마태의 표정에도 긴장이 역력하다. 스스로 생각하는 여유로움 따위는 기대할 수도 없이 그저 천사의 입만 바라보기에 분주하다.

'기계적으로 받아쓰기'(mechanical dictation), 이 그림의 핵심 주제는 바로 그거다. 성경은 '일점일획' 하나님이 친히 불러주신 '하늘의 언어'이기에, 감히 인간의 경험이나 생각, 감정 따위가 개입되었다고 보면 안 된다. 털끝 하나 오류

그림 2 <마태와 천사 1>, 카라바조, 1602

없이 완벽한 진리 그 자체다. 해석이고 뭐고 없이 문자 그대로 믿어야 한다. <마태와 천사 2>는 이런 교조주의적 관점을 대변한다.

하지만 카라바조가 처음 그린 그림 <마태와 천사 1>(1602)^{그림2}은 달랐다. 천사와 마태는 '위아래' 있지 않고 '옆으로 나란히' 있다. 천사는 마태의 오른손 위에 자기 손을 살포시 올려놓아 애정과 교감을 표시한다. 반면에 마태는 잘 알아듣지 못하는 표정이다.(우리도 '하나님의 말씀'을 잘 알아듣지 못할 때가 많다.) 쓰기는 썼는데 뭐가 잘 안 됐는지, 천사가 바로잡아 주는 것처럼 보이기도 한다.

그림 속의 마태를 보고 있으면 흔한 이웃집 아저씨 같다. 신약성서의 맨 처음을 장식하고 있는 마태복음 저자로서의 위엄이 전혀 느껴지지 않는다. 성인(聖

人)의 풍모도 없고, 지식인의 면모도 없다. 카라바조에게 이 그림을 주문한 가톨릭 성당 측에서도 마태의 대머리와 주름살, 그리고 노동자처럼 투박한 손과 발바닥에 박힌 굳은살에 심기가 불편했던 모양이다. 퇴짜를 놓고 다시 그려오라고 했다. 그래서 나온 그림이 <마태와 천사 2>다. 비로소 가톨릭의 입맛에 딱 들어맞는 작품이라고 합격점을 받았다.

카라바조와 함께 바로크 미술의 대가인 렘브란트(Rembrandt Harmenszoon van Rijn, 1606~1669)도 <마태와 천사>(1661)^{그림3}를 그렸다. 아마 작심하고 그렸을 것이다. 개신교 신자였던 렘브란트는 종교개혁 이후 탄생한 개신교가 어떤 점에서 가톨릭과 다른지를 다양한 그림 속에 담아내고자 했다. <마태와 천사>도 그 가운데 하나다.

그림 3 <마태와 천사>, 렘브란트, 1661

이 그림의 구도는 놀랍게도 카라바조가 처음 그린 그림과 닮았지만, 몇 가지 점에서 뚜렷한 차이가 난다. 먼저는 마태의 턱수염과 그 턱수염을 만지작거리는 왼손이다. 뭔가 심각한 고민에 빠져 있음을 암시한다. 오른손에 펜을 쥔 채로, 눈길은 저 멀리 어딘가를 향해 있는 것도 그렇다. 천사가 마태의 오른쪽 어깨에 살포시 손을 올리고 뭔가를 속삭이는 중인데, 마태는 그마저도 의식하지 못하는 눈치다.

렘브란트의 마태는 지금 깊은 '생각'에 잠겨 있다. 이 대목에서 근대라는 시간이 프랑스 철학자 데카르트(René Descartes, 1596~1650)의 명제와 더불어 시작됐음을 상기하자. "나는 생각한다, 고로 존재한다"(Cogito, ergo sum)는 데카르트의 명제는 중세에 종지부를 찍은 선언이었다. 중세 때 생각은 교황과 교권에 기생하는 엘리트들의 전유물이었다. 보통 사람들은 그저 무조건 믿기만 하라고 강요받았다. 이 중세 '암흑기'가 끝난 것이다. 근대라는 시간은 인간 누구에게

나 생각할 자유와 권리가 있다고 선언했다.[4] 민주주의는 근대의 가장 뚜렷한 표식이었다.

그러니까 렘브란트의 마태는 근대 개신교 신학을 대변하는 인물인 셈이다. 가톨릭에 '프로테스트'(protest, 항의하다) 하여 '프로테스탄트'(Protestant, 저항하는 사람)라 불린 개신교인들은 무엇보다도 가톨릭의 고질적인 성직 제도에 도전했다. 라틴말로 적힌 성경은 엘리트 교육을 받은 성직자들의 전유물이었다. 제나라 말밖에 할 줄 모르는 보통 사람들은 언감생심 성경에 다가갈 수조차 없었다.

'성공한' 종교개혁자 마르틴 루터(Martin Luther, 1483~1546)보다 한두 세기 전에 이 문제를 꼬집은 선각자들이 더러 있었다. 영국의 존 위클리프(John Wycliffe, 1320?~1384)는 라틴말로 된 성경(불가타 역)을 영국말로 옮겼다가 죽은 뒤에 이단으로 정죄 받아 부관참시를 당했다. 체코의 얀 후스(Jan Hus, 1372?~1415)도 성경을 제나라말로 번역했다가 파문당하여 화형에 처해졌다. 독일의 마르틴 루터가 성경을 독일말로 옮기고도 살아남은 것은 구텐베르크의 인쇄술 덕분이다. 그가 비텐베르크 교회 문에 붙인 95개조 반박문과 독일어 성경이 유럽 전역에 퍼져나가는 데는 불과 2주밖에 걸리지 않았다.

스스로 성경을 읽고 깨우치는 사람들이 늘어남에 따라, 진리를 독점한 양 으스대던 교권에 균열이 일기 시작했다. 면죄부 장사에 몰두하며 거짓 교리로 사람들의 신앙심을 우롱하던 종교꾼들의 위선과 기만이 만천하에 폭로되었다. 이것이 '생각'의 힘이다. 개신교 화가이자 '붓을 든 신학자'로서 렘브란트는 바로 이 점을 화폭에 담고자 했다.

'오직 성서'만으로 충분한가?

렘브란트는 마치 성서란 하늘의 언어를 기계적으로 받아쓴 산물이라기보다는 기록자의 고민이 담긴 흔적이라고 말하는 듯하다. 이를 '유기적 영감설'(organic inspiration)이라고 한다. 그렇다. 성서는 하나님의 말씀이지만, 동시에 사람이

---

4 로댕(François Auguste René Rodin, 1840-1917)의 유명한 조각상 <생각하는 사람>이 프랑스 시민혁명 이후 본격적으로 공화주의자들의 시대가 개막될 무렵에 나왔다는 것도 흥미롭다.

쓴 글이다. 하나님이 인류 역사의 특정한 시기에 특정한 사람을 택해 당신의 뜻을 전달하는 도구로 삼으셨다. 하나님의 말씀을 받은 사람들은 구체적인 사건들 속에서 하나님의 뜻을 이해하려고 씨름하며, 당대의 사람들이 이해할 수 있는 언어로 풀어냈다. 결국 '하나님의 말씀'이란 역사 속 사건들에 대한 신앙적 해석인 것이다. 다시 말해, 하나님께 사로잡힌 사람들이 당대의 역사 사건들 속에서 하나님의 뜻을 찾아내기 위해 애쓴 결과물이다.

다시 렘브란트의 그림을 보라. 마태 자신은 의식하지 못한다 해도, 천사의 얼굴과 마태의 이마에 드리운 밝은 빛이 그의 오른손을 거쳐 지금 그가 쓰고 있는 글에 이르기까지 하나로 연결되어 있다. 이로써 '빛의 화가' 렘브란트는 마태의 글쓰기 작업이 세속적인 활동이 아니라 거룩한 행위임을 드러낸다. 렘브란트에게 성서란 인간의 임의적이고 자의적인 기록이 아니라 하나님의 말씀의 중개자인 천사와 기록자인 인간 사이의 '유기적 영감'의 산물이었다.

따라서 성서는 시대를 초월하여 모든 독자에게 '유기적 해석'을 요청한다. 렘브란트가 한 가지 본문을 여러 가지 버전으로 그려낼 수 있었던 것도 이러한 이해에 기초한다. 성서를 이루는 66권의 책 안에 하나님의 계시가 온전히 담긴 것은 맞지만, 그게 전부는 아니다. 성서는 닫힌 책이 아니고 열린 책인 까닭에 오고 오는 세대의 모든 독자에게 말을 건넨다. 수천 년 읽혔어도 여전히 밝혀지지 않은 행간의 뜻이 무궁무진하게 숨어있는 책, 누구를 만나느냐에 따라 새록새록 얼굴을 달리하는 책, 읽는 건 나인데 오히려 나를 읽어주는 책, 그런 신통한 책이 바로 성서다.

빈센트 반 고흐(Vincent Willem van Gogh, 1853~1890)의 <펼쳐진 성서가 있는 정물>(1885)^{그림4}이 이를 강변한다. 목사였던 아버지가 1885년 3월 25일에 세상을 떠났다. 오른쪽 촛대 위의 촛불이

그림 4 <펼쳐진 성서가 있는 정물>, 고흐, 1885

꺼진 건 아버지의 죽음을 애도하는 상징이다. 빈센트는 미친 듯이 붓을 들어 아

버지가 읽던 성서를 화폭에 담았다. 하루 만에 순식간에 그렸다고 한다. 아버지와 사이가 너무 좋아서 그리움에 사무쳤기 때문일까? 전혀 그렇지 않다.

> 아버지나 어머니가 본능적으로(의식적으로라고는 말하지 않겠다) 나를 어떻게 생각하는지 알고 있다. 그들은 덩치가 크고, 털이 많으며, 집 안에 지저분한 발로 드나들 게 분명한 개를 집에 두기 망설이는 것처럼 나를 집에 들이는 걸 꺼려 한다. 그래, 그 개는 모든 사람에게 걸리적거리고, 짖는 소리도 아주 큰, 불결한 짐승이다.(1883. 12. 15. 빈센트 반 고흐, 『반 고흐, 영혼의 편지』, 신성림 옮기고 엮음, 예담, 2013: 105)

> 나는 그 개의 길을 택했다는 걸 너에게 말해주고 싶다. 나는 개로 남아 있을 것이고, 가난할 것이고, 화가가 될 것이다.(1883. 12. 17. 윗글, 107)

빈센트는 말 그대로 '왕따'였다. 미술계에서나 집안에서나 환영받지 못했다. 목사로도 화가로도 성공하지 못한 빈센트를 아버지는 대놓고 혐오했다. 유일한 말벗이었던 동생 테오에게 보낸 편지에서 아버지에 대한 반감이 절절히 묻어난다.

두 사람의 갈등은 세계관과 인생관의 차이에서 비롯되었지만, 그 도화선은 성서를 바라보는 시각이었다. 아버지는 '오직 성경'을 외쳤다. 성경 이외의 다른 책들은 다 '오물'로 여겼다. 시집, 소설책, 철학책 따위를 끼고 사는 빈센트가 영 마뜩잖았다. 게다가 이 대책 없는 아들의 여자 보는 눈은 또 어떤가? 거리에서 몸을 파는 여자와 결혼하겠다고 설쳐대는 통에 '경건한' 목사 집안의 체면을 깎아 먹지 않았나?

아버지는 끝내 아들을 용납하지 못했다. 그런 아버지에게 아들은 그림으로 말한다. '펼쳐진 성서'는 이사야 53장이다. 장차 올 메시아 예수 그리스도의 삶을 예언한 '고난받는 종의 노래'가 담겨있다. 빈센트는 이 '고난받는 종'과 자신의 운명을 동일시한다. 화려한 도시에서 성공하기보다는 가난한 시골에서 농민들을 위로하며 살겠다고 다짐한다. 그 매개가 그림이다. 그에게는 그림이 곧 복음이었다.

성서 앞에 놓인 작은 소설책 한 권이 눈길을 끈다. 성서는 펼쳐져 있어서 더 크게 느껴지는 한편, 소설책은 덮여 있어서 더 작게 다가온다. 그렇다고 크기가 중요도를 결정하는 유일한 변수일 수는 없다. 소설책의 모서리가 닳은 정도로 보아, 빈센트가 얼마나 이 책을 애지중지했는지 알 만하다.

다른 그림에도 종종 등장한다. 제목마저 선명하게 보인다. 프랑스 작가 에밀 졸라(Émile François Zola, 1840~1902)가 쓴 『삶의 기쁨』(La joie de vivre)이다. 지면 관계상 줄거리는 생략하자. 그저 주인공인 고아 소녀 폴린(Pauline Quenu)의 삶이 이사야 53장을 재현한다는 점만 기억하자. 말하자면, 빈센트가 좋아한 빅토르 위고(Victor-Marie Hugo, 1802~1885)의 『레 미제라블』(Les Misérables)에 나오는 장발장과 비슷한 캐릭터라고나 할까?

그러니까 말씀은 눈으로 읽는 데서 그치면 안 된다. 귀로 듣고 흘려버려서도 안 된다. 성서에 기록된 말씀은 일차적으로 사건인 까닭이다. 인간을 찾으시는 하나님이 세상에서 일으키는 사건이다. 빈센트의 성서 정물화는 이 점을 일깨운다. 종교적 위선에 찌든 신자들에게 몸으로 말씀을 살아내라고 주문한다. 기형도 시인의 시구를 패러디하면, 밑줄을 그어야 하는 건 "성경이 아니라 생활"이다.(기형도, <우리 동네 목사님> 중에서)

> 우리에게는 성경으로 충분할까? … 만일 말이나 글이 지금도 세상의 빛이라고 한다면, 예수의 시대처럼 위대하고, 훌륭하며, 창의적이고, 사회 전체를 변화시킬 만큼 강력한 무엇을 발견하기 위해서는, 옛 기독교인들이 이룩한 혁명에 비교해도 좋은 방식으로 말하고 기록해야 할 시대에 우리가 살고 있다는 것을 인정하는 게 우리의 권리이자 의무야.
> 나 자신, 요즘 사람들보다 성경을 정독했음을 언제나 다행으로 여겨. 그야말로 성경으로 인해, 과거에 그런 고상한 사상이 존재했음을 알고, 나는 마음의 위로를 얻었기 때문이야.
> 그러나 과거의 것을 아름답다고 생각하기 때문에, 같은 이유로 새로운 것도 아름답다고 생각해. 과거나 미래는 우리에게 간접적일 뿐이지만, 우리는 자신들의 시대에만 활동하기 때문에 더욱 그렇지.(박홍규, 『세상에서 가장 아름다운 편지』, 아트북스, 2009: 412)

2. 창조

합리와 무지가 충돌할 때

2. 창조
- 합리와 무지가 충돌할 때

기독교 우주론에 도전하다

하나님이 천지를 창조하셨다. 고대인들에게는 이 명제가 전혀 고민거리가 아니었다. 신들이 하는 일이란 본래 그런 것이므로. 어느 민족에게나 창조 신화가 한두 개쯤은 있기 마련이고, 그에 기대어 살아간들 하등 불편할 일이 없었으므로. 그렇게 잘 흘러오다가 복병을 만났다. 과학이다. 특히 천문학이 기독교 우주론에 도전장을 내밀었다.

첫 타자는 코페르니쿠스(Nicolas Copernicus, 1473~1543). 그가 쓴 『천체의 회전에 관하여』라는 책이 세상을 발칵 뒤집었다. 말 그대로 '과학혁명'이 일어나는 데 도화선이 됐다. 그 자신도 미처 몰랐을 것이다. 본래 위대한 인물은 비둘기 걸음으로 세상에 오는 법이니까.

코페르니쿠스, 『천체의 회전에 관하여』, 1543

코페르니쿠스는 폴란드에서 구리업자의 아들로 태어났다. 성씨 자체에 '구리'(영어로 'cooper')가 들어 있다. 열 살 때 아버지를 여의고 외삼촌 밑에서 자라게 됐는데, 하필 그가 신부였다. 외삼촌의 직업을 대물림한 그는 외삼촌이 맡

앉던 교구에서 평생을 신부로 지내다 70세의 나이로 하나님의 품에 안겼다.

이렇게만 보면 새로울 게 없는 이야기다. 이게 전부라면 우리가 그의 이름을 기억할 이유가 별로 없다. 하지만 그에게는 '부캐'[5]가 따로 있었으니, 바로 천문학자다. 신부라는 직업은 외삼촌의 권유로 떠맡았을 뿐, 천문학자가 그의 본업이었는지도 모른다. 실제로 그는 이탈리아로 유학 가 신학을 공부하고 난 뒤에 천문학 교수가 되어 강의하기도 했다.

고향으로 돌아가 성당 일을 보는 틈틈이 천문학 관련 글을 썼다. 1510년에서 1514년 사이에 집필했을 것으로 짐작되는 요약본 형태의 짧은 글 『요령』(Commentariolus)을 보면, 그의 핵심 주장이 벌써 나타나 있다. 태양계의 모든 행성은 태양을 중심으로 회전한다는 사실! 지금이야 너무 당연한 소리이고 명석 판명한 진리이지만, 그때는 달랐다. 궁금해해서도 안 되고 알아서는 더더욱 안 되는 금단의 지식이었다.

『요령』을 토대로 1530년대에 『천체의 회전에 관하여』를 완성했지만, 출판은 꿈도 꾸지 못했다. 혼자 대나무숲에 들어가 '임금님 귀는 당나귀 귀'를 외치는 데 만족해야 할 판인데, 그래봤자 손바닥으로 하늘을 가리는 격이었다. 알음알음 벗도 생기고 제자도 생겼다. 1539년에 찾아온 젊은 수학자 레티쿠스(Joachim Rheticus, 1514~1574)가 그 보기다.

그는 독일 비텐베르크 출신이었다. 비텐베르크라면 종교개혁자 마르틴 루터(Martin Luther, 1483~1546)로 인해 유명해진 도시다. 그 영향인지 레티쿠스도 루터파 신자였다. 그가 코페르니쿠스를 설득해 겨우 출판 허락을 얻어냈지만, 정작 본인은 라이프치히 대학의 수학 교수가 되는 바람에 수발을 들기 어려웠다. 그래서 오시안더(Andreas Osiander, 1498~1552)에게 출판 책임을 당부했다. 오시안더는 루터파 목사였다. 전해지는 말에 따르면 코페르니쿠스는 죽는 순

---

5 인터넷 게임에서 플레이어가 주력으로 키우는 캐릭터가 아닌, 만일의 사태에 대비해 부수적으로 키우는 캐릭터라는 의미로, '투잡'이 대세인 요즘 방송계 안팎에서 폭넓게 사용되고 있다.

간에야 자기 책을 설핏 볼 수 있었다.

책을 내면서 오시안더는 스스로 서문을 달았다.[6] '태양중심설은 우주에 대한 참된 묘사가 아니고 단지 유용한 가설일 뿐'이라고 적었다. 아마도 코페르니쿠스의 신변을 염려하는 마음에서 그렇게 토를 달았을 것이다. 종교개혁자 그룹에 속해 있으면서도 그 역시 태양중심설이 부담스럽기는 매한가지였다. 중세 기독교 왕국의 토대를 뒤흔드는 핵폭탄급 충격이 아닌가 말이다.

코페르니쿠스 혁명 되짚기

중세는 일명 '톨레미'(Ptolemy)라 불린 프톨레마이오스(Claudius Ptolemaeus, 85?~168?)의 우주관을 신봉했다. 그의 천문학의 기본 주장은 명확했다. 지구가 우주의 중심이며, 모든 행성의 궤도는 완벽한 원을 그린다는 것이다. 그렇지 않고서야 어떻게 여호수아가 태양을 멈추게 할 수 있었겠는가?(여호수아기 10:12-13 참고)

성서가 우선이었다. 과학은 뒷전이었다. 아니 과학적 사고 자체가 죄악으로 치부되었다. 이런 암흑기가 천년이 넘게 계속되었다. 그러는 사이에 톨레미 체계를 바탕으로 만든 율리우스 달력에 구멍이 뚫리기 시작했다.[7] 율리우스력은 1년의 길이를 365.25일로 잡고, 4년에 한 번씩 2월에 하루를 더 붙여 '윤년'을 두는 방식이었는데, 오랜 세월이 지나다 보니 오차가 누적됐다. 춘분이 지나고 보름달이 뜨면 부활절을 경축하는 게 일상의 리듬이건만, 10여 일의 오차 때문에 날짜를 확정할 수 없었다.

이 문제를 해결하기 위해 교황 그레고리우스 13세가 나섰다. 그는 1582년 10월 4일과 다음 날 사이에 10일을 욱여넣어 10월 5일을 10월 15일로 정하고, 평년과 윤년의 기준도 확정했다. 이 수정된 날짜 셈법에 따르면, 1년은 약

---

[6] 이 서문에는 교황 바오로 3세에게 헌정하는 글까지 담겨있어 코페르니쿠스 자신이 썼다고 알려졌으나, 훗날 독일 천문학자 케플러(Johannes Kepler, 1571~1630)가 오시안더의 서문임을 밝혀냈다.
[7] 율리우스 달력은 로마 공화정 말기 율리우스 카이사르(Julius Caesar)가 기원전 46년에 제정했다. 이집트를 정복한 뒤, 이집트 천문학과 그에 기반한 태양력에 충격을 받아 도입하게 됐다. 당시 로마는 공화정 초기부터 1년을 364일로 지내왔는데, 시간이 지남에 따라 점점 오차가 생겨 공화정 말기에는 실제 계절과 날짜 사이에 석 달 가까이 차이가 났다. 반면에 이집트는 1년을 365.25일로 계산해 계절과 날짜가 어느 정도 일치하고 있었다. 이집트에서는 나일강의 범람으로 농사에 어려움을 겪으면서 천문학이 발전하게 되었다는 상식도 잠시 챙겨두자. 명민한 이집트인들은 이른 새벽에 동쪽 지평선에서 시리우스 별이 보이면 70일 뒤에 나일강이 범람한다는 사실을 알아냈다. 그래서 이집트 달력을 '시리우스력'이라고 부른다. 톨레미도 이집트 천문학자였다.

365.2425일이다. 태양년[8]과 차이가 난대도 0.0003일밖에 되지 않아 3천 년에 하루꼴이다. 이 정도 정확도를 자랑하기에 지금까지 이슬람 국가를 제외한 대부분의 나라에서 사용하고 있다. 이름하여 그레고리력이다.

우리의 궁금증은 이 천재적인 계산을 누가 했냐는 것이다. 교권이 지배하는 세상이라 모든 영광을 교황이 독차지했지만, 사실 주인공은 따로 있다. 바로 코페르니쿠스다. 그 뒤를 브라헤(Ticho Brahe, 1546~1601)가 잇고, 갈릴레이(Galileo Galilei, 1564~1642)가 잇고, 케플러(Johannes Kepler, 1571~1630)가 잇고, 마침내 뉴턴(Isaac Newton, 1642~1727)이 이으면서 과학혁명이 완성되었다지만, 그래도 가장 큰 공은 코페르니쿠스에게 돌려야 한다. 오죽하면 세상이 뒤집힐 만한 큰 변화를 가리켜 '코페르니쿠스적 혁명'이라고 말하겠나?

하지만 코페르니쿠스 자신은 혁명을 원치 않았던 게 분명하다. 아니 그보다도 혁명의 파장을 감당하기에는 시대의 조건이 받쳐주지 않았다고 해야 맞겠다. 그가 세상을 떠나고 한참 뒤에 활동한 갈릴레이조차 종교재판은 물론 영구 가택연금까지 당해야 했으니까. 로마 가톨릭의 교권 안에서 외삼촌의 입지가 든든했음에도, 게다가 교황 레오 10세와 클레멘트 7세가 그의 책 출간을 후원할 만큼 우호적이었음에도 코페르니쿠스는 끝내 몸을 사렸다. 과학자로서는 태양중심설이 옳으나, 신부로서는 지구중심설을 부정하기 어려웠다. 그도 그럴 것이 로리니(Niccolo Lorini, 1544~?) 신부 같은 이가 코페르니쿠스를 이단자로 몰아세웠기 때문이다. 그는 갈릴레이의 재판 때도 신앙의 수호자를 자처하며 갈릴레이를 처단하는 데 앞장섰다.

10년이면 강산이 변한다는데, 어째서 470년 전의 이야기가 이토록 생생한지 모르겠다. 전혀 옛날이야기로 들리지 않는다. 종교인의 시계는 앞으로 돌지 않고 뒤로 돈다는 말에 고개가 끄덕여진다. 미국에서는 지금도 창조론 대 진화론 논쟁이 한창이지 않은가? 미국까지 갈 것 없다. 우리나라 형편도 엇비슷하다. 기독교인들의 시간이 아직 중세를 벗어나지 못한 느낌이 들 때가 많다. 보수적일수록,

---

[8] 태양년이란 태양이 춘분점(남반구에서 북반구로 이동하면서 적도와 교차하는 지점. 이때부터 낮의 길이가 밤의 길이보다 길어지기 시작한다.)을 나온 뒤 이동 경로를 돌아 다시 춘분점으로 돌아올 때까지의 시간을 말한다. 다른 말로 '회귀년'이라고도 한다.

믿음이 좋다는 신자일수록 과학을 백안시한다.

생물학이 발전하고 현미경이 나오면서 정자와 난자의 실체를 알게 됐다. 인간 생명은 정자와 난자의 결합으로 이루어진다는 걸 삼척동자도 다 안다. 그런데 인간은 이 '과학적 사실'에만 만족하는 동물이 아니다. 인간에게는 다른 언어도 필요하다. 이를테면, 우리는 생명이 사랑에서 나온다고 말한다. "사람이 온다는 건/실로 어마어마한 일이다./그는/그의 과거와/현재와/그리고/그의 미래와 함께 오기 때문이다."(정현종, <방문객> 중에서)

시어(詩語)는 과학적 사실과 무관하다. 그렇다고 시가 과학보다 가치 없다거나 열등하다고 말할 수 있을까? 그렇지 않다. 시와 과학은 그저 자신의 언어로 말할 뿐이다. 심지어 요즘 과학은 시어를 빌려 쓰기도 한다. 종편 예능 '알쓸신잡'(알아두면 쓸데없는 신비한 잡학사전)으로 대중에게 얼굴을 알린 김상욱 교수가 물리학 교양서적을 펴내면서 프롤로그에 이렇게 쓴 걸 읽어보라. "우주는 떨림이다. 정지한 것들은 모두 떨고 있다. … 인간은 울림이다. 우리는 주변에 존재하는 수많은 떨림에 울림으로 반응한다."(김상욱, 『떨림과 울림』, 동아시아, 2018: 5-6) 양자역학을 설명하기에는 시어가 제격이다.

긴 이야기를 짧게 줄이면 요지는 이렇다. 하나님이 천지를 창조하셨다는 창세기의 선언은 언어의 층위가 과학보다도 시에 가깝다. 과학이 사실을 말한다면, 시는 진실을 말한다. 그리고 우리 삶에는 둘 다 필요하다. 과학혁명기에 살았던 영국 시인 윌리엄 블레이크의 그림을 보라.^{그림1} 하나님의 손에 컴퍼스가 들려있다. 창조질서의 정확성을 표현하기 위한 장치일 것이다.

시가 없으면 공허하고, 과학이 없으면 맹목적으로 되기 쉽다. 이런 까닭에 하나님이 천지를 창조하셨다는 명제가 '참이냐, 거짓이냐'를 따지는 것은 시간 낭비다. 그보다는 이 명제가 참이라고 믿는 사람들에게 과연 무슨 일이 일어났는지를 묻는 편이 훨씬 생산적이다. 바꾸어 말하면, 자기가 세상에 존재하게 된 것이 부모의 사랑 덕분이라고 믿는 사람은 인간 생명이 단지 한 남성의 정자와 한 여성의 난자의 결합물일 뿐이라고 믿는 사람에 비해 훨씬 풍요로운 인생을 살 확률이 높다.

창조신앙 위에 굳건히 선다는 것

　기독교 신앙은 천지창조에 대한 믿음에서 출발한다.^{그림2} 창세기가 성서의 맨 앞자리를 차지하는 건 그런 이유다. 우주는 우연히 발생하지 않았다. 하나님이 창조하셨다. 그것도 '말씀'으로 창조하셨다는 묘사가 창세기 1장에만 아홉 차례나 반복된다. 이 진술이 고대 바빌로니아 제국에서 노예살이하던 디아스포라 유대인들 사이에 터져 나왔다는 건 곱씹을 가치가 충분하다.

　그들을 지배하던 제국은 『에누마 엘리쉬』(Enuma Elish)라는 경전을 통해 백성들의 삶과 사고를 규율했다. 이 경전은 우주가 신들의 투쟁에서 비롯되었다는 것을 가르친다. 다신론 체계에서 가장 힘센 마르두크(Marduk) 신을 '최고신'으로 섬기며, 현실에 만연한 폭력을 정당화한다. 왕족, 귀족, 성직자가 부와 권력을 세습하는 것이 신의 뜻이다. 노예는 죽도록 노동하며 상층계급을 섬겨야 한다. 노예에게는 감정도, 영혼도 없으므로 신을 예배할 권리도 없다. 이러한 이데올로기에 저항하는 반박문이 창세기의 창조신앙이다. 하나님을 '유일신'으로 고백하고, 다른 신들은 우상이라고 선언한다. 게다가 이 하나님 여호와는 노예들의 하나님이란다. 마르두크 신을 숭배하는 사람들이 들으면 코웃음을 치지 않겠나?

　말씀으로 이루어지는 하나님의 창조는 평화롭기 그지없다.^{그림3} 말을 거는 행위 자체가 관심과 애정의 표현이다. 그러기에 창조된 모든 것들이 하나님의 눈에는 '선'하게만 보였다. '악'하게 보인 건 하나도 없었다. 사랑하면 무조건 좋게만 보인다. 히브리어 '토브'는 '선하다, 좋다, 착하다, 아름답다' 등 여러 의미를 지니는데, 창세기 1장에 일곱 차례 등장한다. 이를테면, 가장 먼저 '빛'이 창조되었다. 빛이 하나님이 보시기에 좋았던 까닭은 빛이 생기자 비로소 어둠을 구별할 수 있게 되었기 때문이다. 빛으로 인해 어둠에도 의미와 가치가 부여되었다. 하나님의 눈에는 어둠도 선하다. "별들의 바탕은 어둠이 마땅하다/⋯/지금 어둠인 사람들만/별들을 낳을 수 있다"(정진규, <별> 중에서) 이 시를 이해하지 못하는 사람은 인생의 어둠을 진지하게 대면하지 못했거나 처절하게 극복하지 못한 사람이기 쉽다.

　숫자 9는 한 자리 숫자로 셀 수 있는 가장 큰 수다. 음양오행으로 세상의 이치를 풀이한 동양에서는 9가 양의 기운이 충만한 완전수였다. 아주 높고 크고 깊은

그림 1 <태초의 창조주 하나님>, 블레이크, 1794

그림 2 <천지창조>, 미켈란젤로, 1508-12

그림 3 <에덴>, 브뢰헬, 1615

것들을 9에 비유할 때가 많았다. 구천(九天), 구척장신(九尺長身), 구중궁궐(九重宮闕) 같은 표현이 이에 해당한다. 프로 바둑의 세계에서도 9단이 '끝판왕'이다. '이세돌 9단'이 알파고와 겨뤄 승리를 거두었다고 한들 10단으로 올라갈 일은 없다.

서양의 경우는 좀 복잡하다. 수학에서 '피타고라스 정리'로 유명한 피타고라스 학파는 10에서 1이 모자란 9를 불길한 수로 여겼다. 그러나 성서적 세계관은 다르다. 세속의 통념을 뛰어넘는 반전의 미학이 있다. 3을 신성시하는 전통에 따라 3의 제곱인 9는 거룩한 완전수로 꼽혔다.[9] 7도 마찬가지인데, 고대 서남아시아 세계에서 제7일은 흉일로 여겨졌다. 그날은 인간에게 해를 입히는 신들이 활보하는 날이기 때문이다. 그래서 바알 숭배자들은 제7일에 일도 하지 않았다. 제7년에는 땅도 묵혔다. 이렇게 휴경해야 죽음의 신 모트(Mot)가 되살아나고, 바알이 모트와 전쟁을 벌여 승리해야 풍년이 든다고 믿었다.

하지만 창세기 저자는 가나안 토착 신앙이 불길하게 여기던 수를 거룩한 수로 승화했다. 하나님이 6일 동안 창조하신 만물에 대해 일곱 차례나 '토브'를 연발하더니, 급기야 제7일을 거룩한 날(안식일)로 선포했다. 고대 노예제 사회에서 노예가 쉰다는 건 있을 수 없는 일이었다. 하지만 성서는 '쉼'을 단순한 재충전이 아니라 거룩함의 차원에서 논한다.[10] 노예제도를 혁파하는 발랄한 상상력이 아닐 수 없다. 제7년(안식년)의 휴경도 풍년을 위한 대비가 아니라 노예 해방과 토지 해방의 의미로 재해석했다. 제7년이 일곱 번 지나고 50년째가 되는 해는 기쁨의 해(희년)로 정해, 안식년에 해방되지 못한 영구 노예와 세습 노예까지 해방하고, 빚 때문에 땅을 빼앗겼던 가난한 사람들도 자기 땅을 되찾아 상속할 수 있게 했다. 뒤틀린 사회질서가 원상회복되는 시간, 말 그대로 사회 전체를 '초기화'(reset)하는 주기가 희년이었다.

거듭 강조하지만, 이런 이야기가 디아스포라의 고난 속에서 솟구쳐 나왔다는

---

9   신약성서에 나오는 성령의 열매도 아홉 가지다(갈라디아서 5:22-23).
10 구약학자 김회권은 안식일과 '거룩'에 대해 다음과 같이 설명한다. "(창세기) 저자는 '하나님이 복을 주셨다', '하나님이 거룩하게 하셨다' 라는 선언을 추가함으로써 일곱째 날의 독특성과 구별되는 차원을 강조하였다. 일곱째 날은 단순히 좋은 날이 아니라 '거룩한 날'이었다. 안식일은 노동의 수고로움으로부터 마모되고 황폐화된 인간의 영혼과 육체를 회복하는 시간이라는 점에서 다가오는 종말의 안식에 미리 참여하는 연습이다. 안식일은 시간으로 된 성전이다." 『하나님 나라 신학의 관점에서 읽는 모세오경 1』, 대한기독교서회, 2005: 32.

점이 중요하다.(이영재, 『토라서론』, Ibp, 2015: 25-27 참고) 고대 서남아시아 세계의 패권을 장악한 제국들은 『에누마 엘리쉬』나 『길가메시 서사시』 같은 창조신화를 '국정교과서'로 삼았다. 앞에 언급한 대로, 『에누마 엘리쉬』는 고대 바빌로니아 제국과 아시리아 제국의 사상교재였다. 『길가메시 서사시』는 고대 수메르 문명의 꽃인 도시국가 우루크의 왕 길가메시의 영웅담을 노래하는데, 길가메시라는 이름 자체가 '조상이 영웅'이라는 뜻이다.

 영웅을 바라는 시대는 독재와 억압을 용인한다. 히틀러의 나치즘이 통했던 이유도 대다수 독일인이 영웅의 출현을 고대한 탓이다. 강력한 지도자가 나타나 모든 문제를 단박에 해결해 주기를 염원하는 심리 밑바닥에는 강자를 선망하고 약자를 혐오하는 집단 무의식이 깔려 있다. 나/우리 가족이 잘살고 우리 민족과 우리나라가 부강해지기만 한다면야 너/그들쯤 얼마든지 짓밟아도 괜찮다는 심보다.

 창조신앙은 이런 고약한 마음새를 고치는 해독제다. 사람 사이에 위아래가 있을 수 없다. 모든 사람이 하나님의 형상대로 창조되었기 때문이다.(창세기 1:26-27 참고) 창세기 1장 27절은 더 구체적으로 '사람'을 특정한다. 고대 세계에서 사람이라고 하면 '남자'만 들어갈 때가 많았다. 고대의 가장 정의로운 법이라는 함무라비 법전도 사람은 으레 남자, 그것도 귀족 남자를 지칭했다. 그러나 성서는 '여자'를 빼놓지 않는다. 남자와 여자 모두 하나님의 형상이다.

 '형상'을 뜻하는 히브리어 '첼렘'은 성서에서 대체로 우상을 가리키는 맥락에 등장한다. 고대 세계에서는 형상이 없는 신은 존재하지 않았다. 제국의 지배자들은 자신들의 열망을 담아 신의 형상을 제작하기에 여념이 없었다. 이런 노동에는 당연히 노예들이 동원되었다. 노예들은 자신이 섬기지도 못할 신, 자신을 부리는 지배자들의 잇속만 불려주는 우상을 제작하기 위해 돌과 나무를 깎고 은과 금을 주형에 붓는 중노동을 해야 했다.

 이 불의한 현실은 하나님의 뜻이 아니다. 하나님이 사람을 당신의 '첼렘'으로 만드셨다는 말은 사람이 하나님을 표상한다는 뜻이다. 하나님처럼 생긴 남자와 여자가 하나님처럼 모든 피조물을 다스려야 한다. 사람에게는 하나님이 보시기에 좋은 세상을 유지하고 보존할 책임이 있다.

르네상스 시대의 독일 화가 대 루카스 크라나흐(Lucas Cranach the elder, 1472~1553)는 비텐베르크에 아틀리에를 차리고 그림으로 명성을 떨치면서 궁정화가로 활약했다.[11] 한때 시장까지 역임했다고 하니 그의 영향력이 어느 정도였을지는 짐작하고도 남는다. 당시 비텐베르크는 종교개혁의 진원지였다. 크라나흐 역시 루터의 열렬한 지지자여서 루터의 초상화를 그리기도 했다.[그림4]

<황금시대>(1530)[그림5]는 창세기 1장의 재해석이다. 땅은 풍요롭게 먹을거리를 내고 인간은 다만 즐겁게 놀 뿐이다. '논다'는 표현에 불편한 감정이 든다면 용서하시라. 하지만 나는 솔직히 일보다 놀이가 좋다. 비정규직 신세에 아무리 열심히 일을 해봤자 몸만 축난다. 일과 놀

그림 4 <루터>, 크라나흐, 1529

이가 하나인 경지에 오르고 싶은데, 마음만 굴뚝이지 현실은 비루하다.

<황금시대>는 이런 현실을 강력히 규탄한다. 사람과 사람 사이에 지배나 폭력이 엿보이지 않는다. 소외된 노동에서 자유로운 사람들이 춤추며 놀고 있다. 물놀이를 즐기는 커플, 서로 대화를 나누는 커플, 과일을 나누어 먹는 커플 등 모두가 유유자적하다. 동물들도 느긋하게 서로를 애무한다. 맨 처음 세상은 이랬다.

---

11 공교롭게도 아들 이름도 똑같아서 아버지의 이름 앞에는 '대'(the elder), 아들의 이름 앞에는 '소'(the younger)를 붙여 구분한다.

첫 시대는 황금시대였으니, 이 초기의 날들에는 아무런 법도 권력도 없었다. 그래도 사람들은 올바른 일을 했고 강요하지 않아도 약속을 지켰다. 아무런 처벌도 위협도 없고, 협박의 말을 놋쇠 명판에 새겨 둘 필요도 없었다. … 그러는 동안 대지는 가래와 보습이 닿은 적 없는데도 기꺼이 사람들이 원하는 것을 베풀었다. 사람들은 대지의 선물에 만족하였으니 그것은 억지로, 강제로 빼앗은 것이 아니었다.(오비디우스의 『변신』에 나오는 황금시대 이야기 중에서, 주경철, 『유토피아: 농담과 역설의 이상 사회』, 사계절, 2015: 27-28)

그림 5 <황금시대>, 크라나흐, 1530

3. 나그네

자발적 유목민이 된다는 것

3. 나그네
- 자발적 유목민이 된다는 것

도시 문명 탈출기

창세기는 크게 두 부분으로 나뉜다. 1-11장까지가 한 덩어리로 묶이고, 12-50장까지가 또 한 덩어리를 이룬다. 앞부분에는 익히 알려진 천지창조 이야기, 실낙원 이야기, 노아 홍수 이야기, 바벨탑 이야기가 나온다. 영미권 학자들은 이를 '프로토 히스토리'(proto-history)라고 부른다. '선사(先史)시대'를 뜻하는 '프리히스토리'(pre-history)와 구분하기 위한 표현으로, 선사시대와 역사시대의 중간이라는 뜻이다. 우리말로는 '원(原)역사'라고 옮긴다.

그런데 이 단어는 어쩐지 모호하다. 앞으로 전개될 역사의 본바탕이 된다는 의미일 텐데, 굳이 우리말 사전에도 없는 단어를 사용할 필요가 있나 싶다. 그래서 그냥 알기 쉽게 '성경서론'이라고 부르자는 제안이 솔깃하다.(이영재, 『토라서론』, Ibp, 2016: 17) 창세기 1-11장이 넓게는 성경 전체, 좁게는 오경의 글머리를 이루기 때문이다.

창세기 12-50장에서는 아브라함-이삭-야곱으로 이어지는 이스라엘 조상들의 이야기가 펼쳐진다. 특히 아브라함은 '믿음의 조상'으로 유명하다. 하지만 어쩐 일인지 '아브라함의 족보'는 등장하지 않는다. '이삭의 족보'(창세기 25:19), '야곱의 족보'(창세기 36:2)가 버젓이 나오는데 말이다. 아브라함의 이름은 그의 아버지인 '데라의 족보'(창세기 11:17)에 삽입된 채로 소개된다. (이때는 아직 '아브람'이다.) 한데 '데라의 족보'에는 주목할 만한 또 다른 이름이 들어있다. 데라의 손자이자 아브라함의 조카인 롯이다. 일찍이 아버지를 여읜 바람에(그리고 할아버지마저 돌아가셔서) 큰아버지인 아브라함이 그를 돌보게 된다. 창세기 저자는 아브라함과 롯 두 사람의 인생을 번갈아 보여주는 교차편집 방식을 통해, 읽는 이로 하여금 믿음 안에서 산다는 게 무엇인지를 깨닫게 한다.(이영재, 『아브라함 이야기』, Ibp, 2016: 15 참고)

데라 가문은 원래 갈대아 우르에서 살고 있었다.(창세기 11:28) 갈대아는 고대 바빌로니아 제국이 번성하던 곳이다. 유프라테스 강과 티그리스 강이 만나는 삼

(이라크 수메르 사원)고대 우르에서 복원된 지구라트

각주 사이에 위치하여 자원이 풍부한 데다가 페르시아만을 끼고 있어서 해상무역이 활발했다. 우르는 갈대아 인근에서 가장 번영한 도시로, 고대 메소포타미아 수메르 문명의 중심지였다. 지금까지도 거대한 지구라트 신전 유적이 남아있는데, 이 신전에는 우르의 수호신이자 최고신인 난나(Nanna, 달 신)가 봉안돼 있었다.

아브람은 데라의 맏아들이다. 히브리어로 '아브'는 아버지, '람'은 높다는 뜻이다. 그의 아내 이름은 사래로, '공주' 또는 '귀부인'을 가리킨다. 자기 자식이 귀하게 되기를, 부귀영화를 누리며 살기를 바라는 부모의 열망이 담겨 있다. 지극히 세속적·이기적인 이름인데, 이걸 나중에 하나님이 바꿔주신다.(창세기 17장) 아브라함은 '만인의 아버지', 사라는 '만인의 어머니'라는 뜻이다. 내 식으로 이해하면, 신앙을 갖는다는 건 사사로운 개인에서 공공의 사람으로 거듭난다는 의미를 함축한다. 이기(利己)스러운 존재가 이타(利他)스러운 존재로 변신한다. 이러한 존재론적 혁명을 거치지 않고는 하나님과의 관계를 회복할 수가 없다. 그저 자기 자신만 복 받으려고, 나아가 자기 가족만 '만사형통'하려고 신앙에 기대는 짓은 우상숭배와 다름없다.

기복(祈福)신앙이 해로운 건 그 때문이다. 기복이란 복을 달라고 비는 행위다. 기복신앙에서 하나님은 인간의 바람이나 소망 따위를 충족시켜 주어야 하는 '우주적 심부름꾼'으로 전락한다. 반면에 창세기 1장이 증언하는 하나님은 인간에게 복을 내려주시는 분이다. 이를 '강복'(降福)이라 부른다.

여호와 하나님이 아브람에게 복을 주셨다. "내가 너로 큰 민족이 되게 하고, 너에게 복을 주어서, 네가 크게 이름을 떨치게 하겠다. 너는 복의 근원이 될 것이다."(창세기 12:2, 새번역)[12] 이 '복'의 내용을 잘 헤아려야 한다. 자기중심의 욕망이 덕지덕지 붙은 '소원'을 복이라 착각하는 한, 우리는 믿음의 문턱조차 넘을 수 없다.

하나님이 내려주시는 복의 전제는 도시 문명과 단절하는 것이다. 아브람의 아버지 데라가 먼저 갈대아 우르를 떠났다. 아브람과 사래, 그리고 롯도 함께 떠나서 하란에 정착했다. 하란은 고대 아시리아 제국의 왕도(王都)다. 우르만큼은 아니어도 꽤 번창한 도시다. 거기서 데라가 죽는다. 이제 아브람이 가장이 되었다. 그때 하나님이 말씀하시기를, "너는 네가 살고 있는 땅과 네가 난 곳과 너의 아버지의 집을 떠나서, 내가 보여주는 땅으로 가거라."(창세기 12:1)

데라가 자기 의지로 떠났다면, 아브람은 하나님의 말씀에 의지해 떠났다. 천지가 하나님의 '말씀'으로 창조된 것과 일관되게, 아브람의 역사도 하나님의 말씀에서 시작된다. 하나님은 죄악으로 가득 찬 도시 문명으로부터 아브람을 불러내신다. 아버지가 물려준 땅과 집에서 안전하고 안정되게 살 생각일랑 하지 말고 '떠나라' 하신다. 구체적인 행선지도 알려주지 않으신다. 그저 앞으로 보여주겠다고만 말씀하신다. "가나안 땅으로 가려고"(창세기 12:5) 떠난 것은 아브람의 선택이다. 아브람이 그리 가겠다고 하니, 하나님이 동행하신다. 장차 그 땅을 주시겠다고 약속하신다.

떠돌이의 신세

아브람의 정체는 '떠돌이'요 '나그네'다. 우리 시대의 '난민'을 생각하면 이해하기 쉽다. 민족이나 국가의 경계 밖을 떠도는 존재다. 세상에서 자기를 보호해줄 방패막이 하나도 없다. 아브람의 식구들이 사막 여기저기를 떠돌다가 기근이 닥쳐 애굽(이집트)으로 가게 됐다. 왕도인 미츠라임이 가까워지는데, 문득 불안감이 증폭한다. 도시의 기득권자들이 떠돌이를 어찌 대하는지 알기 때문이다. 게다가 사래가 보통 예뻐야 말이지, 아내의 출중한 미모도 그의 심기를 어지럽힌다.

---

12 앞으로 인용하는 성경 본문은 특별한 경우가 아닌 한 새번역을 따른다.

아브람이 사래에게 부탁한다. "여보, 나는 당신이 얼마나 아리따운 여인인가를 잘 알고 있소. 이집트 사람들이 당신을 보고서, 당신이 나의 아내라는 것을 알면, 나는 죽이고 당신은 살릴 것이오. 그러니까 당신은 나의 누이라고 하시오. 그렇게 하여야, 내가 당신 덕분에 대접을 잘 받고, 또 당신 덕분에 이 목숨도 부지할 수 있을 거요."(창세기 12:11-13)

아무리 불안해도 그렇지, 이쯤 되면 합리적인 판단능력이 마비된 게 아닌가? 아내가 해를 입을까 걱정하기보다는 자기 목숨을 부지할 궁리나 하고 있다. 생존에 대한 공포가 멀쩡한 사람을 이리 지질하게 만들었다. 성서는 그 점을 강조한다. 도시의 폭력이 얼마나 무서운지를. 특히 아무런 보호막이 없는 사람에게 도시의 얼굴은 얼마나 잔인한지를.

불길한 예상은 빗나가는 법이 없다. 애굽 사람들이 사래의 미모에 홀딱 반한다. 파라오(왕)의 고관들도 낯선 절세미인에게 홀려, 파라오 앞에서 그녀의 미모를 칭찬한다. 이제 사래는 파라오의 성적 노리개가 될 판이다. 이 대목에 삽입된 성서 저자의 말놀이가 재기 넘친다. '고관들'을 가리키는 히브리어도 '사래'다. 사래(파라오의 고관들)가 사래(아브람의 아내)를 폭력으로 던져넣는다. 엘리트 지배계층의 속성이 대개 그렇다. 창세기 6장에서 '네피림'으로 고발된 세상의 권력자들은 자신의 힘을 남용해 힘없는 약자들을 마음대로 부린다.

사래는 파라오의 궁으로 끌려 들어간다. 그 대가로 파라오는 사래의 '오빠' 아브람에게 "양 떼와 소 떼와 암나귀와 수나귀와 남녀 종과 낙타"(창세기 12:16)를 선물한다. 성서는 궁에서 무슨 일이 일어났는지 시시콜콜 묘사하지 않는다. 다만 문맥을 살피건대 성폭행이 일어났음을 유추할 수 있다. 이 일로 하나님은 파라오에게 재앙을 내리신다. 그리고 아브람은 파라오에게 불려가 꾸중을 듣는다.

사과해도 모자랄 판에 꾸중이라니! 하지만 이게 또 권력자의 속성이다. 잘못은 아내를 누이라 속인 저 남자한테 있지, 자기는 억울하다고 항변한다. 게다가 이미 돈까지 주었으니 정당하다고 자위한다. 돈이면 다 된다는 생각, 돈으로 폭력을 덮으려는 수작은 예나 지금이나 권력자들의 전형적인 일탈 구조다.

주목할 점은 아브람의 태도다. 아브람이 사래에게 사과했다는 말이 없다. 면목이 없어서 그래서였을까? 아니면 가장의 체면 때문일까? 이때부터 이 부부 사이에는 엄청난 감정의 골이 파였을 거다. 애굽 사건이 사래의 가슴에 커다란 멍으로 남았다. 하지만 더 큰 가정불화의 씨앗은 따로 있었으니, 파라오에게 받은 보상목록 가운데 포함된 '여종'이다.

애굽 사건이 있기 전에도 사래는 불임이었다. 애굽 사건이 있은 다음에는 부부 사이가 더욱 멀어져 자연스럽게 아이가 들어서지 않았다. "아브람은 집짐승과 은과 금이 많은 큰 부자가 되었다."(창세기 13:2) 재산이 불어난들 무슨 소용인가? 물려줄 자식이 없는데! 아브람의 입에서 불평이 터져 나왔다. "주 나의 하나님, 주님께서는 저에게 무엇을 주시렵니까? 저에게는 자식이 아직 없습니다. 저의 재산을 상속받을 자식이라고는 다마스쿠스 녀석 엘리에셀뿐입니다. 주님께서 저에게 자식을 주지 않으셨으니, 이제, 저의 집에 있는 이 종이 저의 상속자가 될 것입니다."(창세기 15:2-3) 형식은 하나님께 드리는 기도이지만, 곁에서 듣는 사래의 귀에는 자기를 원망하는 소리로 들리지 않았을까?

사래가 나선다. 애굽에서 데려온 여종 하갈을 아내[13]로 삼으라고 아브람에게 말한다. "주님께서 나에게 아이를 가지지 못하게 하시니, 당신은 나의 여종과 동침하십시오. 하갈의 몸을 빌려서, 집안의 대를 이어갈 수 있기를 바랍니다."(창세기 16:2a) 이 역시 불안 심리에서 비롯된 차선책일 것이다. 하란을 떠난 지 10년이나 되었다. 아브람은 85세이고 자기는 75세인데, 하나님의 응답은 더디기만 하다. 이러다가는 안방마님으로서 자신의 입지가 위태로워질 것 같다. 그래서 타협한다. 세상의 '고관들'이 하듯이 사래도 자기보다 힘없는 약자를 유린한다.

아브람이 이런 사래의 마음을 헤아려 하나님의 약속을 더 기다려보자고 위로하면서 달래주면 좋으련만, 전혀 그러지 않는다. "아브람은 사래의 말을 따랐다."(창세기 16:2b) 과거에 자기가 한 잘못 때문에, 꽉 잡혀 살아서 그랬을까? 아니면 아브람도 내심 젊은 여종 하갈에게 흑심을 품었을까?

네덜란드 화가 아드리안 반 데르 베르프(Adriaen van der Werff, 1659~1722)의 그림에 이런 복잡미묘한 심정이 잘 드러나 있다.^{그림1} 아브람과 대등한 위

---

13 우리말 성서 가운데 개역한글판과 개역개정판, 공동번역판과 공동번역개정판은 모두 '첩', '소실'이라고 번역했다. 한편, 표준새번역판과 새번역판은 '아내'라고 옮겼는데, 어느 쪽이 맞는 것일까? 여기 쓰인 히브리어는 '잇샤'인데, '여자' 혹은 '아내'를 뜻한다. '첩'이나 '소실'은 번역자가 문맥을 고려해 의역한 것이다.

치에서 아브람에게 말하는 여인이 사래다. 한때는 뭇 남성의 추파를 한몸에 받을 만큼 젊고 아름다웠던 그녀가 어느새 노인이 됐다. 반면에 하갈은 관능적이다. 두 사람보다 아래 위치에서 고개를 살짝 숙인 모습이 차마 주인의 명령을 거역할 수 없는 자신의 처지를 받아들이는 눈치다.

세 사람 중에 옷을 갖춰 입은 건 사래밖에 없다. 아브람과 하갈은 상반신을 훤히 드러내고 있어, 앞으로 일어날 일을 예고한다. 화가는 특히 아브람의 손에 공을 들인 듯하다. 오른손으로는 거부 의사를 표현하고 있어 '믿음의 조상'임을 과시하지만, 왼손은 이미 하갈의 어깨 위에 올라가 있다. 이러한 닿음 혹은 만짐이 의미하는 바는 명확하다. 아브람이 하갈을 취한 건 순전히 사래의 요청 때문이 아니라 아브람에게도 책임이 있다는 거다. 바로크 화가답게 베르프는 아브람의 신체를 근육으로 도배했다. 몸만 보면 영락없이 '짐승돌'[14]이다.

이에 비해 마티아스 스토메르(Mattias Stomer, 1600~1650)[15]의 아브람은 훨씬 사실적이다.^{그림2} 상반신을 드러내기는 했으나, 육체미가 돋보이지는 않는다. 이 그림에서는 사래의 적극성이 강조되고 있다. 그녀의 두 손이 하갈과 아브람을 중개한다. 하갈의 표정도 눈길을 끈다. 두 노인의 체념한 듯한 얼굴과 달리, 놀람, 두려움, 당혹감 등 복합적인 감정이 생생하게 녹아 있다. 한쪽 가슴을 드러내 선정성이 엿보이기는 하지만, 표정 때문인지 야하게 느껴지지는 않는다.[16]

아브라함이 이삭을 바치다

이후에 이 가정이 <사랑과 전쟁>[17]에 버금가는 막장드라마를 찍은 과정은 생략하자. 드디어 아브람이 아브라함으로, 사래가 사라로 이름이 바뀐 뒤에 이삭이 태어난다. 부부의 나이가 각각 100살, 90살 되던 때의 일이다. 그리고는 세월이 흘러 '그 일'이 일어나고야 말았다. 하나님이 이삭을 바치라고 명령하신 것이다.

"너의 아들, 네가 사랑하는 외아들 이삭을 데리고 모리아 땅으로 가거라. 내가

---

14 운동과 관리로 멋진 육체미를 뽐내는 남자 아이돌(idol)을 부르는 신조어다.
15 마티아스 스톰(Mattias Stom)이라고도 한다. 작품만 남아있을 뿐, 사생활에 대해서는 거의 알려진 바가 없다. 네덜란드 또는 플랑드르 출신으로, 이탈리아에 거주하며 카라바조의 화풍에서 영향받은 그림들을 그렸다.
16 하갈에 대한 다양한 해석은 내가 쓴 『교회 밖 인문학 수업』, 옥당, 2019: 62-64쪽을 볼 것.
17 부부들의 실제 사연을 드라마로 재구성해 전문가의 조언을 제시함으로써 시청자들에게 해결방안을 모색하도록 돕는 취지였다. 2011~2014년까지 KBS2에서 방영됐다.

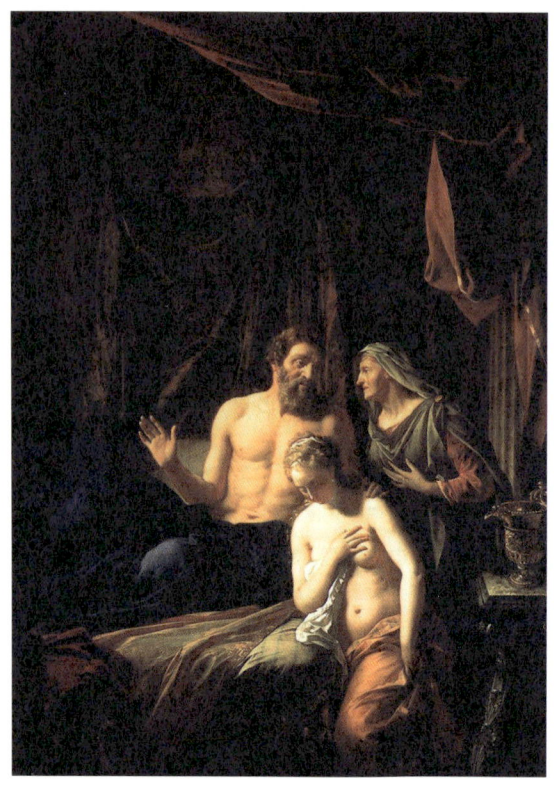

그림 1
<아브람에게 하갈을 소개하는 사래>,
베르프, 1699

그림 2
<하갈을 아브람에게로 인도하는 사래>,
스토메르, 1637-39

너에게 일러주는 산에서 그를 번제물로 바쳐라."(창세기 22:2) 그냥 '너의 아들'이 아니다. '네가 사랑하는 외아들'이라고 반복해서 강조한다. 이삭이 태어난 뒤로 하나님은 뒷전에 밀려났다. '금쪽같은 내 새끼'가 삶의 전부가 되었다. 그래서 하나님이 아브라함을 시험하신다.

시험을 좋아할 사람은 별로 없다. 시험은 사람을 긴장시킨다. 이미 아는 답인데도 이상하게 틀리곤 한다. '시험 없는 세상에서 살고 싶다'는 말이 저절로 나온다. 그렇다고 시험을 피할 수는 없다. 시험을 봐야 진급할 수 있기 때문이다. 학생이 뭘 알고 뭘 모르는지를 확인하기 위해서라도 시험은 필수다.

화가들이 앞다투어 이 장면을 그렸다. 교회를 다녀본 사람이라면 아브라함의 일대기 가운데 이 장면이 가장 인상적일 것이다. 크리스천 대부분은 아브라함이 '믿음의 조상'이 된 이유가 아들을 바치라는 하나님의 명령에 순종했기 때문이라고 믿는다. 자기 믿음은 그만큼 세지 않은데 아브라함은 대단하다고 부러워하면서.

카라바조의 그림을 보자. ^{그림3} 뒤로 손이 묶인 채 공포에 질려 정면을 바라보는 이삭의 표정이 압권이다. 아브라함의 왼손이 그의 목덜미를 내리누른다. 오른손에 든 칼로 이삭의 목을 벨 참이다. 바로 그 순간 천사가 나타나 제지한다. 한 손가락으로 양을 가리키며 이삭을 놓아주라고 명한다.

루벤스(Peter Paul Rubens, 1577~1640)의 그림은 한층 역동적이고 웅장하다. ^{그림4} 왼쪽의 나무마저도 꿈틀거리며 캔버스 밖으로 튀어나올 것만 같다. 루벤스는 트렌트 공의회의 결정, 곧 종교개혁을 이단으로 규정하되 가톨릭 신자들이 이탈하지 않도록 종교미술을 더욱 강화하라는 교황의 지시에 따라 반(反)종교개혁 운동의 선봉에 서게 됐다. 그의 그림은 교권의 이데올로기에 봉사한다. 그런 만큼 인간적인 요소를 배격하고 신적인 권능을 강조하는 것이 특징이다.

이 그림이 아래에서 위를 올려다보는 가파른 원근법으로 표현된 까닭은 천장화이기 때문이다. 다만 전 세대에 비해 사회 분위기가 유연해져서 화가의 자율성이 허용되던 시기였던 만큼 성서 텍스트에 등장하지 않는 내용을 삽입한 게 눈에 띈다. 바로 이삭의 눈을 흰 천으로 가린 점이다. 이삭이 겪어야 했던 불안과 공포를 에둘러 표현하고 싶었나 보다.

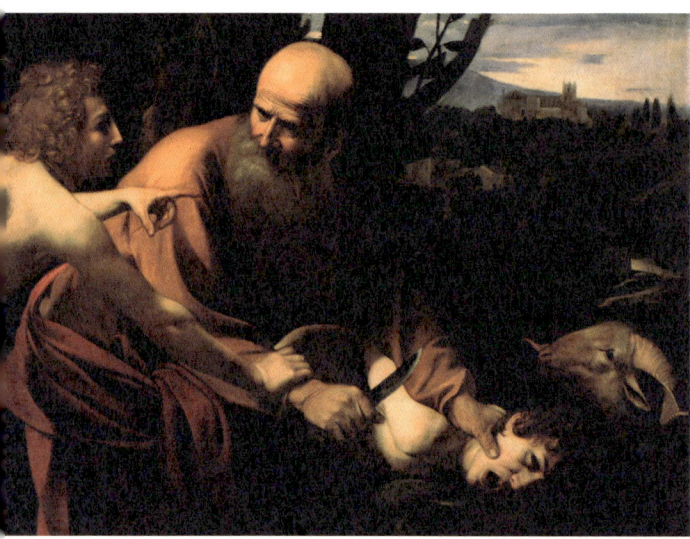

그림 3
<이삭을 제물로 바치는 아브라함>,
카라바조, 1603

그림 4
<이삭의 희생>, 루벤스, 1620-21

비슷한 천장화로 티치아노(Tiziano Vecellio, 1490?~1576)의 작품이 있다.^{그림5} 티치아노는 르네상스 절정기에 이탈리아 북부에서 활동한 베네치아 회화의 거두다. 그의 그림에서 바로크 양식이 엿보이는 것도 그가 베네치아 화가여서 그럴 것이다.[18] 티치아노는 피렌체 미술을 대표한 미켈란젤로와 자주 비교되며, 동시대 사람들로부터 '별 가운데 있는 태양'으로 불렸다. 이 작품을 보면, 모든 등장인물의 옷자락이 바람에 나부끼는 게 긴박성을 더해준다. 아브라함은 왼손으로 이삭의 머리를 눌러 오른손의 칼을 보지 못하도록 하고 있는데, 번제단 위에 꿇어앉은 이삭이 어린아이로 표현된 점이 흥미롭다.

루벤스와 경쟁 관계에 있던 렘브란트가 이 장면을 놓칠 리 없다.^{그림6} 아브라함은 이삭의 두려움을 줄여주고자 왼손으로 얼굴 전체를 가린다. 칼을 높이 들어 내리치려는 순간, 하늘로부터 천사가 내려와 아브라함의 손을 붙잡는다. 천사의 힘이 어찌나 강한지, 그리고 예기치 못한 천사의 등장에 아브라함이 어찌나 놀랐던지 그만 손에서 칼을 놓치고 만다. 왜 안 그렇겠는가? 아들을 바치라고 할 때는 언제고, 이제 와서 바치지 말라니 어느 쪽이 진정 하나님의 뜻인가?

이 그림을 그린 게 1635년, 그의 나이 스물아홉 살 때다. 렘브란트는 같은 내용을 여러 해에 걸쳐 반복해서 그린 적이 많은데, 이 주제도 그렇다. 나이가 들어가면서 성서를 읽는 눈이 더 깊어지고 풍부해졌기 때문일 것이다. 1645년에 새긴 동판화는 아브라함과 이삭의 대화를 담았다.^{그림7} 아들의 손에 쥐어진 장작 한 더미는 이제 곧 일어날 일을 암시한다. 그 일에 대해 아브라함이 열심히 설명하는 중이다. 왼손 검지가 하늘을 향하고 있는 것으로 보아 '이건 하나님의 뜻이야'라고 말하는 것 같다. 한편, 가슴을 부여잡은 오른손은 '내 뜻은 그게 아닌데'라고 말한다. 헷갈리는 건 아들이다. 아들의 복잡한 감정을 헤아릴 길이 없다.

1655년에도 동판화를 새겼다.^{그림8} 천사가 뒤에서 아브라함을 부드럽게 감싸 안으며 두 팔을 붙잡는다. 유화에서는 천사가 위에 있고 아브라함이 아래 있는데,

---

18 베네치아는 무역과 상업이 활발한 항구도시답게 북유럽 미술이나 동방 비잔틴 미술과 활발히 교류하며, 색채가 풍부하고 감각적인 예술세계를 펼쳤다. 로마에 인접한 피렌체 미술이 고대의 풍부한 전통을 바탕으로 고대 문화와 예술의 부활을 꿈꾸며 이상적이고 완벽한 형식미를 추구한 것과 달리, 베네치아 미술은 개방적이며 세속적인 북유럽 회화의 양식에 따라 자연적이고 사실적인 면을 추구했다. 인물보다 배경을 중시한 것도 베네치아 미술의 특징이다.

그림 5 <이삭의 희생>, 티치아노, 1542-44

이 동판화에서는 그런 위계적 거리감이 별로 없다. 칼을 쥔 손이 왼손인 이유는 동판화의 특성상 종이에 찍었을 때 역방향으로 나올 걸 고려한 조치일 테다. 이 작품에서는 이삭의 눈을 가린 아브라함의 손이 전혀 우악스럽지 않다. 이삭 역시 아버지의 손아귀에서 벗어나려고 발버둥 치는 대신에 다소곳이 순종하는 자세로 묘사돼 있다.

같은 해에 그린 소묘(드로잉)^{그림9}를 보자.[19] 소묘는 유화나 동판화에 비하면 시간이 많이 들지 않는다. 단숨에 휘리릭 그린 인상이 강하다. 뒷모습만 보이는 아브라함은 대머리에 구부정한 노인으로 묘사돼 있다. 그의 오른손에 쥔 칼이 벌써 이삭의 목에 닿아 있지만, 전체적인 품새가 어정쩡하여 일을 제대로 치를 수 있

---

19 동판화와 소묘 중 어느 것을 먼저 작업했는지는 정확히 알 수 없다.

그림 6 <아브라함의 제사>, 렘브란트, 1635

그림 7
<아브라함과 이삭>, 렘브란트, 1645

그림 8
<아브라함과 이삭>, 렘브란트, 1655

그림 9
<아브라함의 집행>, 렘브란트, 1655

을지 의문이다. 하늘에서 내려온 천사가 아브라함의 머리 위에 손을 얹었는데, 아브라함은 천사를 보지 못한다. 만약 아브라함이 계속 천사를 의식하지 못한다면, 이삭의 운명은 어찌 될 것인가?

이 장면에 대한 그림이 많다는 건 그만큼 해석할 여지가 많다는 뜻이다. 철학자들 역시 이 본문에 관해 다양한 '설'을 풀어놓았다. 그래서 성서는 열린 책이다. 우리에게도 해석에 참여하라고 격려한다. 이해의 지평을 넓히기 위해 잠시 성서 밖으로 나가 보자. 유대교 민간전승에 따르면, 이삭이 집으로 돌아와 어머니 사라에게 모리아 산에서 있었던 일을 털어놓자, 사라가 여섯 번 비명을 지르더니 숨이 넘어갔다고 한다. 충분히 있을 법한 일이다. 남편에 대한 분노와 배신감이 얼마나 컸겠는가?

성서는 사라가 127세까지 살았다고 보도한다.(창세기 23:1) 사라는 가나안 땅 헤브론에서 살다 죽었다.(창세기 23:2) 이 소식을 듣고 아브라함이 브엘세바에서 찾아온다.(창세기 22:19 참고) 문상을 왔다는 뜻이다. 요컨대, 두 사람은 따로 살았다. 그렇다면 이삭은 누구와 살았겠는가? 당연히 어머니와 함께 살았다. 이삭은 전형적인 '마마보이'가 됐다.

긴 이야기를 갈무리해 보자. 생각의 갈피를 잡기 위해 구약학자의 정리에 기댄다.

> 모진 시험을 이겨내고 여호와 하나님에게서 인정을 받은 아버지 아브라함이지만, 정작 그 가족 성원들의 마음에는 어떤 상처를 남겼을까? 게다가 어머니를 여의고 아내 리브가에게서 위로를 찾던 이삭(창세기 24:67)에게 아버지의 재혼은 어떤 충격을 주었을까? 게다가 새어머니가 아들을 여섯 명이나 줄줄이 낳았을 때 그 과정에서 이삭의 마음에는 어떤 변화가 일고 있었을까?[20] … 시험을 이긴 아브라함에게서 어떠한 행복한 모습도 찾아보기 어렵다. 모진 시험을 이겨낸 결과는 가족해체의 아픔뿐이었다고 하면 지나친 말일까?
> (이영재, 『아브라함 이야기』, 53)

아브라함이 이삭을 바치라는 하나님의 명령에 무조건 순종하기에 앞서 사라와 상의했다면 어땠을까? 사라 입장에서는 '차라리 나를 죽이라'며 극구 반대했을 게 뻔하다. 그렇게 나오면, 하나님께 솔직히 털어놓고 은총을 구해도 됐을 일이다. 그분은 워낙에 "자비롭고 은혜로우며, 노하기를 더디 하고, 한결같은 사랑과 진실이 풍성한 하나님"(출애굽기 34:6)이시니까. 아니 그 전에 먼저 애굽 도성에서 있었던 성폭행 사건(창세기 12장)과 그랄 도성에서 있었던 유사 사건(창세기 20장)에 대해 아브라함이 사라에게 진심으로 사과하고 용서를 구하는 과정이 있었더라면 좋았겠다. 그랬다면 하갈과 이스마엘 사건도 일어나지 않았을 거고, 사라도 외아들에게 병적으로 집착하지 않았을 테다.

그러나 아브라함의 가족사가 불행하다고 하여 아브라함이 하나님께 복을 받은 사실까지 의심해서는 안 된다. 거꾸로 아브라함의 불행한 가족사는 복을 세속적으로 이해하는 우리의 기복신앙을 교정하는 역할을 한다. 다시 말해, 하나님이

---

[20] 사라가 죽은 뒤 아브라함은 그두라와 재혼한다.(창세기 25:1) 그두라는 이방여인이다. 그녀에게서 시므란, 욕산, 므단, 미디안, 이스박, 수아(창세기 25:2)가 태어난다. 이 가운데 '미디안'은 야곱 이야기에서 요셉을 애굽으로 팔아먹은 노예상인으로 언급되며,(창세기 37:28) 민수기에서는 이스라엘을 괴롭히는 원수로 등장한다.(민수기 25:17) 또 손자 중에 드단의 자손은 앗수르 족속의 조상이 된다.(창세기 25:3) 앗수르는 훗날 북왕국 이스라엘을 멸망시키는 아시리아를 가리키니, 아브라함의 말년은 우리에게 많은 생각거리를 던져준다.

주시는 복은 이기주의·가족주의·민족주의·국가주의 따위와 무관하다. 아브라함의 뿌리에서 이스마엘을 비롯한 수많은 이방 족속이 가지 쳐 나왔기에, 지금 이 땅에서 하나님을 믿는 우리도 아브라함의 자손이 될 수 있는 것이다. 무엇보다도 하나님 자신이 온 천하만물의 구원을 위하여 당신의 외아들을 내어주시지 않았는가? 사랑의 기본은 '자기를 내어줌'이다. 아무것도 포기하거나 희생하지 않은 채 잔뜩 움켜쥔 손으로 어떻게 타인의 손을 붙잡을 수 있단 말인가?

이제야 우리는 아브라함의 소명을 어렴풋이 알겠다. 아브라함은 가인에게서 유래한 도시 문명을 떠나라는 하나님의 부르심을 받았다. 타락 이전의 삶, 곧 에덴으로 돌아가기 위한 기나긴 여정을 시작하라는 뜻이다. 인간이 지은 도시와 달리, 하나님이 지으신 에덴은 농(農)의 세계였다. 농(農)이라는 글자는 별 진(辰)자 위에 노래 곡(曲)자가 붙어있다.(윗글, 33)^{그림10 참고} 시적으로 표현하면, 별을 노래하는 마음으로 사는 사람이 농의 사람이다.^{그림11 참고} 그는 해를 숭배하지 않는다. 힘 있는 사람이 되기보다는 스스로 약자가 되어 고난을 받는다. 하지만 고난에 무너지지도 않는다. 어둠은 빛을 이길 수 없다는 믿음으로, 어두울수록 빛을 발한다.

아브라함은 결국 하나님과 맺은 약속을 지켰다. 도시의 변방에 천막을 치고 살면서 소 떼와 양 떼를 길렀다. 아담과 아벨이 그러했듯이 아브라함도 목자(牧者)의 삶을 실천했다. 재산을 축적하려는 뜻이 아니다. 롯을 구하기 위해 수백 명의 사병을 이끌고 전쟁에 나가 이겼을 때도 전리품에 눈독을 들이지 않았다. 이미 재산이 많았지만, 부동산을 소유하지 않으려고 애쓴 흔적도 경이롭다. 사라를 묻어줄 땅조차 없어서 헷 족속으로부터 막벨라 동굴을 샀다는 기록(창세기 23:3-19)이 처연하게 읽힌다. 고대 노예제 사회답게 아브라함 역시 노예들을 많이 거느렸지만, 그들을 함부로 부리지는 않았다. 여러 이유로 노예가 된 사람을 거두어주되, 집안 식구처럼 대하라는 계약법(출애굽기 21장) 사상을 앞서 실천했다.

그러니까 아브라함은 폭력과 불의가 판치는 세상에서 정주민(定住民)이 되기보다는 기꺼이 유목민(遊牧民)의 삶을 택한 것이다. 평생의 소유라고는 고작 가족을 위해 마련한 매장지가 전부였다. 사유재산제도에 기초한 자본주의가 야만적인 민낯을 드러내는 이때, 한 생을 나그네로 떠돌며 대안의 삶을 모색한 아브라함의 이야기는 그가 왜 '믿음의 조상'인지를 깊이 성찰하게 한다.

그림 10 <론 강의 별이 빛나는 밤>, 고흐, 1888

지도에서 도시나 마을을 가리키는 검은 점을 보면 꿈을 꾸게 되는 것처럼, 별이 반짝이는 밤하늘은 늘 나를 꿈꾸게 한다. 그럴 때 묻곤 하지. 왜 프랑스 지도 위에 표시된 검은 점에게 가듯 창공에서 반짝이는 저 별에게 갈 수 없는 것일까? 타라스콩이나 루앙에 가려면 기차를 타야 하는 것처럼, 별까지 가기 위해서는 죽음을 맞이해야 한다. 죽으면 기차를 탈 수 없듯, 살아있는 동안에는 별에 갈 수 없다. 증기선이나 합승마차, 철도 등이 지상의 운송수단이라면 콜레라, 결석, 결핵, 암 등은 천상의 운송 수단인지도 모른다. 늙어서 평화롭게 죽는다는 건 별까지 걸어간다는 것이지.(1888. 6. 『반 고흐, 영혼의 편지』, 190-191.)

그림 11 <별이 빛나는 밤>, 고흐, 1889

4. 도시

소돔의 욕망을 해부하다

4. 도시
- 소돔의 욕망을 해부하다

롯과 딸들에 대한 뒷담화

알브레히트 뒤러(Albrecht Dürer, 1471~1528)의 <딸들과 함께 소돔을 떠나는 롯>(1496-98)^{그림1}을 보자. 늙은 아버지가 앞장서서 걷고 있고, 두 딸이 그 뒤를 따른다. 아버지의 옷자락이 펄럭이는 걸 보니, 제법 날랜 걸음으로 걷는 눈치다. 각자 손과 머리에 봇짐을 챙기기는 했으나 비교적 단촐하다. 급하게 길을 나섰음을 암시한다.

세 사람 뒤로 멀리 화염에 쌓인 도시가 배경처럼 펼쳐져 있다. 화가는 붉은 옷을 입은 딸의 머리 위 봇짐에서 약간 왼쪽 뒤편에 소금기둥으로 변한 여인을 그려 넣는 세심함도 잊지 않았다. 두 딸의 어머니이자 롯의 아내다. 그 여인의 시선은 불타는 도시를 향해 있으리라. 소금기둥으로 변한 아내를, 어머니를 뒤로 한 채, 무조건 앞만 보고 내달려야 하는 세 사람의 심정은 어땠을까? 뒤러의 성서 읽기는 그 부분에 초점이 맞춰져 있다. 아버지의 굳은 표정과 딸들의 슬픈 표정 어디에서도 음란한 징후를 찾기 어렵다.

이랬던 분위기가 피테르 파울 루벤스(Peter Paul Rubens, 1577-1640)의 <롯과 딸들>(1613-15)^{그림2}에서는 확 달라진다. 세 사람이 있는 공간은 길 위가 아니라 동굴 속이다. 상반신을 훤히 드러낸 사내가 엉큼한 눈빛으로 왼쪽 여인을 바라보며 끌어안으려 한다. 성경의 내용을 모르고 보면, 영락없이 춘화(春畵)라 생각하겠다. 아니, 성경을 알더라도, 이 그림은 성화(聖畵)라 하기엔 불편하다.

루벤스는 사내를 취한 모습으로 그려서 근친상간의 심리적 부담감을 최소화하려고 애썼다. 볼까지 불그레한 것이 취해도 많이 취했다. 그가 이렇게 취한 것은, 너무 취해서 자기가 무슨 일을 벌였는지 알지 못할 정도로 고주망태가 된 것은, 두 여인의 공모 때문이라고 말하는 듯하다. 그림만 보면, 왼쪽 여인이 가장 능동적이다. 아마도 큰딸일 것이다. 한 손으로는 아버지의 오른손을 끌어다 자신의 어깨 위에 올린 채 지그시 누르고 있고, 다른 손으로는 술잔이 빌 새라 동생에게 빨리 따를 것을 종용한다. 그렇다고 표정이 음란한 것도 아니다. 두 딸의 얼굴에

---

* 이 장의 글들은 내가 쓴 "그 도시에서 도대체 무슨 일이?", 『복음과상황』 307호(2016년 6월), 24-37과 많은 부분이 겹친다.

그림 1 <딸과 함께 소돔에서 도망치는 롯>
뒤러, 1496-98

그림 2 <롯과 딸들>
루벤스, 1610-16

그림 3 <롯과 딸들>, 브테바엘, 1600년대

는 얼른 일을 해치워야 한다는 결기 같은 것이 배어 있다.

몸에 대한 금기가 풀리면서 화가들의 상상력이 대담해졌다. 가톨릭교도인 루벤스의 그림에서는 등장인물들이 그나마 옷을 다 벗지는 않았는데, 다음 그림들은 '누드화'에 가깝다. 네덜란드의 '매너리즘'[21] 화가 요하킴 브테바엘(Joachim Wtewael, 1566-1638)의 <롯과 딸들>(1603-08)[그림3]이다. 식탁 위에 잘 차려진 포도송이며 바닥에 뒹구는 오이와 호리병이 성적 은유를 마음껏 뿜낸다.

이 그림에서는 오히려 아버지가 옷을 다 입은 채로 등장한다. 다만 아버지의 허벅지에 비스듬히 기댄 큰딸이 아버지의 취기를 시험하느라 다리를 쓰다듬는 통에 그 부분만 맨살로 드러나 있다. 작은딸 역시 아버지를 살피는데, 가만히 보니 오른손 손가락 모양이 심상치 않다. 아마도 그 시절 북유럽 화풍에서 심의에 걸리지 않을 수 있는 최대한의 성적 암시일 것이다. 롯의 뒤편으로는 붉게 타오

---

21 매너리즘(mannerism)은 르네상스 전성기가 지나고 바로크 시대가 열리기까지 유럽의 회화, 조각, 건축 등 예술 전반에 영향을 미쳤다. 르네상스 미술의 방식이나 형식을 계승하되 자신만의 독특한 양식에 따라 작품 활동을 한 예술 사조를 가리킨다. '양식'의 영어가 '매너'(manner)여서 매너리즘이라고 부르는데, 이 말에는 부자연스럽고 인위적인 '양식'을 추구한다는 비판의 뉘앙스가 담겨있다. 그러나 새로운 양식을 추구한다는 자체가 예술가의 자의식을 반영하기에 현대 미술의 발전에 긍정적인 영향을 미친 면이 있다.

그림 4 <롯과 딸들>, 알트도르퍼, 1537

르는 소돔과 고모라의 풍경이 아련히 펼쳐져 있고, 소금기둥으로 변한 롯의 아내도 보일락 말락 표현되어 있지만, 세 사람의 관심사는 그게 아닌 것 같다.

　알브레히트 알트도르퍼(Albrecht Altdorfer, 1480-1538)의 <롯과 딸들>(1537)그림4에 이르면, 등장인물 모두가 훌랑 벗었다. 롯은 성욕에 못 이겨 큰딸을 유혹하는 음탕한 노인으로 묘사된다. 큰딸의 손에 들린 포도주잔은 구속(救贖)의 의미는커녕 유혹과 음욕의 상징일 뿐이다. 그녀의 발치께에는 불타는 도시를 등지고 앉아 있는 작은딸의 모습이 멀리 보인다. 손을 이마에 대고 이쪽 정황을 살피는 것이 마치 자신의 순서를 기다리고 있는 듯하다. 이렇게 화가는 소돔과 고모라에 대해, 그리고 롯과 두 딸에 대해 일반인들이 아무렇게나 떠들어댈 수 있는 '뒷담화'를 화폭에 옮겼다.

　여성 화가의 시선은 어떨까? 예술 분야의 문턱도 만만치 않게 높아서, 여성이 독자적인 전시회를 열고 전문화가로 공식 인정받게 된 건 20세기 초반이다. 영화 <파울라>(2016)를 통해 널리 알려진 독일 화가 파울라 모더존-베커(Paula Modersohn-Becker, 1876~1907)가 그 주인공인데, 이 경우에도 죽은 다음에나 전시회가 열렸지, 살아서는 화가의 자질을 계속 의심받았다. 상황이 이러니 그녀보다 280여 년 앞서 태어난 아르테미시아 젠틸레스키(Artemisia Gentileschi, 1593~1652)의 입지는 얼마나 좁고도 위태로웠겠는가?

초기 바로크 시대에 쟁쟁한 남성 화가들 틈바구니에서 젠틸레스키는 여성 특유의 시각으로 그림을 그렸다. 여성 화가에게는 꽃 정물화나 초상화가 어울린다는 편견을 깨고 대담하게도 성서화에 도전했다. <롯과 딸들>(1635-38)^{그림5}이 그

그림 5 <롯과 딸들>, 젠틸레스키, 1635-38

한 보기다. 작품의 크기가 뒤러의 4배, 루벤스의 2배나 된다. 눈에 띄는 점은 등장인물들의 차림새다. 배경이 동굴 안일 때, 남성 화가들은 주로 춘화에 가깝게 묘사했는데, 젠틸레스키는 굳이 등장인물들의 옷을 벗기지 않았다. 왼쪽 딸의 손길은 아버지의 신체에 닿아 있고, 아버지의 손길은 오른쪽 딸의 신체에 닿아 있어서, 앞으로 일어날 일을 은연중에 암시하지만, 딱 거기까지다. 포르노적 상상

력을 자극하지 않는 절제미가 돋보인다. 제목을 모른 채로 보면 헷갈릴 것 같다. 그럴까 봐 젠틸레스키는 왼쪽 딸의 등 뒤로 소금기둥으로 변한 어머니와 불타는 소돔성을 작게 그려 넣었다. 명암의 대비를 통해 주제를 드러내는 '키아로스쿠로'(chiaroscuro) 기법을 요리하는 솜씨가 카라바조나 렘브란트에 견줄 만하다.

롯이 소돔을 선택한 이유

우리의 성서 읽기는 어느 화가의 캔버스를 닮았을까? 우리는 성서를 '잘' 읽고 있을까? 내가 보기에는, 이른바 '모태신자'로, 어머니 뱃속에서부터 교회에 다녔다고 큰소리치는 인간일수록 성서를 잘 읽지 않는다. 왜냐면 어려서부터 들은 게 많기 때문이다. 주일학교만 꼬박꼬박 다녀도 머리에 입력되는 정보가 상당하다. 그동안 외운 요절은 또 얼마나 많은가? 이쯤 되면 제대로, 꼼꼼히, 정성 들여 읽지 않고도 다 아는 기분에 사로잡힌다. 신앙에 '건방'이 들어간다. 내가 그랬다.

잘 읽기 위해서는 '거리 두기'를 해야 한다. 코로나19 팬데믹으로 인해 '사회적 거리 두기'를 해보니 절실히 알겠더라. 우리가 당연하게 누리던 많은 것들이 사실은 당연한 게 아니었음을. "그때는 알지 못했죠/우리가 무얼 누리는지/거릴 걷고 친굴 만나고/손을 잡고 꺼안아 주던 것/우리에게 너무 당연한 것들"(가수 이적이 코로나 때문에 힘든 우리 모두를 위로하기 위해 만든 노래 <당연한 것들> 중에서)

성서도 그렇다. 잘 안다고, 익숙하다고 치부한 내용일수록 전혀 모를 수 있다. 그러니 낯익은 본문일수록 낯설게 읽어야 한다. 아무것도 모르는 사람처럼, 생전 처음 접하는 사람처럼 읽어야 한다. 이걸 나는 '맨눈으로 성서 읽기'라 부른다.[22] '맨눈'으로 성서를 읽으려면 우선 머릿속에 똬리를 틀고 있는 선입견이나 고정관념에서 벗어나야 한다. 문제는 다음 단계다. 일단 머리를 비운 뒤에 아무 준비 없

---

22 여담이지만, 나는 '맨'이라는 한 글자를 좋아한다. '맨몸'으로 세상과 부딪치는 사람이 그렇게 대견하고 신통할 수가 없다. '맨손'으로 억척스레 삶을 일구고, '맨발'로 뚜벅뚜벅 자기 길을 걸어가는 사람을 보면 '기적'이라는 두 글자를 선물하고 싶다. 이때의 '맨'은 어떤 사회적 배경이나 후광이 없다는 뜻이다. 자기를 남에게 각인시키기 위해 다른 군더더기에 호소하지 않는다. 오롯이 자기만의 인격과 실력으로 덤빈다. 그런가 하면 '맨'에는 다른 뜻도 있다. '사방이 맨 진달래다'라고 말할 때의 '맨'은 '온통'의 의미를 지닌다. 한편, '맨 먼저, 맨 나중, 맨 구석'의 '맨'은 '가장'의 의미로, 어떤 것의 최대치를 가리킨다. 이러니 '맨'의 매력을 어찌 거부할 수 있겠는가?

이 무조건 읽기만 해서는 온전한 이해에 도달하기 어렵다. 낯선 세계로 여행하는 사람이 길을 잃지 않으려면 지도와 나침반을 챙겨야 하듯이, 성서를 읽을 때도 준비물을 챙겨야 한다. 성서가 기록된 시대와 배경이 지금 우리가 사는 세계와 확연히 다른 까닭에, 무턱대고 읽다가는 '자의적 해석'의 덫에 걸릴 위험이 있다.

각설하고, 소돔과 고모라 이야기를 읽어보자. 이 이야기의 시작은 아브라함과 롯이 분가하는 장면이다.(창세기 13장) 롯은 아브라함의 조카다. 어려서 아버지를 여읜 그를 아브라함(그때는 '아브람'으로 불렸다.)이 거두었다. 둘은 갈대아 우르에서 하란으로, 또 가나안과 이집트로 긴 여정을 함께 하며 많은 날을 보냈다. 한데 시간이 지남에 따라 식구가 늘고 재산이 불어서 더 이상 함께 살 수 없는 지경에 이르렀다. 가축에게 먹일 물을 서로 차지하겠다고 종들끼리 다투는 것도 하루 이틀이지, 이대로 두고 볼 수만은 없는 노릇이었다.

아브라함이 롯에게 먼저 선택하라고 권한다. "네가 왼쪽으로 가면 나는 오른쪽으로 가고, 네가 오른쪽으로 가면 나는 왼쪽으로 가겠다."(창세기 13:9) "롯이 멀리 바라보니 요단 온 들판이 소알에 이르기까지 물이 넉넉한 것이 마치 주님의 동산과도 같고, 이집트 땅과도 같았다."(창세기 13:10) 이렇게 탐나는 땅이 소돔이었다.

이기심과 탐욕은 인간의 원죄다. 거기서 벗어나기가 죽을 만큼 힘들다. 그렇다고 벗어날 길이 아예 없는 건 아니다. 그 탈출구를 여는 열쇠가 사랑이다. 아브라함은 롯을 사랑했다. 윗사람으로서 얼마든지 선택권을 주장할 수 있었지만, 조카에게 양보했다. 사람의 눈은 얼추 비슷해서, 자기가 보기에도 그 땅이 탐났을 텐데, 조카가 좋다니 흔쾌히 따랐다. 오죽하면 '내리사랑'이라고 하겠나? 사랑의 중력은 원래 아래로 쏠리는 법이다.

롯은 이기적인 욕심에 눈이 멀었다. "욕심이 잉태하면 죄를 낳고, 죄가 자라면 죽음을 낳습니다."(야고보서 1:15) 아니나 다를까, 성서 저자는 롯이 "소돔 가까이에 이르러서 자리를 잡았다"(창세기 13:12)는 문장에 이어, 그러나 "소돔 사람들은 악하였으며, 주를 거슬러서 온갖 죄를 짓고 있었다"(창세기 13:13)고 복선을 깐다. 다가올 불행과 비극에 대한 경고다.

우리의 성서 읽기가 길을 잃는 건 이 대목이다. 여기까지 잘 오다가 갑자기 곁

길로 빠진다. '소돔 사람들이 악한 이유는 동성애 때문이다. → 동성애는 하나님 앞에 죄가 된다. → 그래서 하나님이 소돔을 심판하셨다.' 동성애라는 프레임 속에 소돔의 죄를 욱여넣으니, 이 삼단논법이 진리로 둔갑한다. 그래서 성서의 세계로 들어갈 때도 지도와 나침반이 필요한 것이다. 지도는 해석(혹은 주석)의 길잡이다. 나침반은 그 해석이 건강한지 아닌지를 판단하는 지성이다.

소돔의 죄악이 정확히 무엇을 말하는지 알려면, 먼저 소돔이 '성'(城)이라는 사실에 주목해야 한다. 성은 '도시'를 가리킨다. 성경은 도시의 기원이 가인에게 있다고 보도한다. 가인은 이기심과 탐욕 때문에 자기 아우 아벨을 죽인 인류 최초의 살인자다.^{그림6} 그런 그가 "주 앞을 떠나서"(창세기 4:16) 맨 먼저 한 일이 도시를 건설한 거다. "그 때에 가인은 도시를 세우고 그 도시를 자기 아들의 이름을 따서 에녹이라고 하였다."(창세기 4:17)

도시는 하나님을 떠난 인간이 자기 힘으로 살기 위해 싸우는 공간이다. 성서는 처음부터 끝까지 일관되게 도시 문명을 비판한다. 바벨 도성이 교만의 대명사인 것은 말할 것도 없고, 야곱의 딸 디나가 성폭행당한 것도 세겜 도성 안에서 일어

그림 6 <가인이 아벨을 죽임>, 렘브란트, 1650년경

도시 59

난 일이다. 우리야의 아내 밧세바가 다윗 왕에게 강간당한 사건도, 또 다윗의 딸 다말이 이복오빠에게 강간당한 사건도 모두 다윗 도성 안에서 벌어졌다. 구약성서에서 '성·도성·도시'라는 단어는 '왕'이나 '용사' 따위의 단어와 나란히 등장하는 경우가 많은데, 모두 '힘'과 연관된다. 지배자들이 권력과 무력으로 힘없는 사람을 약탈하고 짓밟는 공간이 도시다.

소돔도 그랬다. 겉보기에는 안전하고 비옥하며 풍요롭게 보였지만, 현실은 달랐다. 롯이 소돔에 정착하자마자 전쟁이 터진다. "그들은 롯까지 사로잡아 가고, 그의 재산까지 빼앗았다."(창세기 14:12) 이걸 또 아브라함이 가서 구해 온다. "집에서 낳아 훈련시킨 사병 삼백열여덟 명"(창세기 14:14)을 데리고 갔다는 기록으로 보아, 아브라함의 재산 규모가 엄청났음을 알 수 있다.

그 도시에서 도대체 무슨 일이?

이야기는 이제 본론으로 접어든다. 해 질 녘 두 천사가 소돔을 방문한다. 성문에 앉아 있던 롯은 이 낯선 방문객들을 자기 집으로 초청한다. 나그네를 환대하는 관습은 고대인에게 단순한 종교적·도덕적 의무가 아니라 생존의 방편이었다. 혹독한 사막 지역에서 악천후에 노출된 채로 밤을 지새우다가는, 설령 운 좋게 강도를 만나지 않더라도 자칫 목숨을 잃을 수 있기 때문이다.

이로써 우리는 소돔과 고모라의 죄를 제대로 이해하기 위한 두 번째 단서에 접근한 셈이다. (롯이 살았던 곳은 소돔이지만, 하나님의 심판이 소돔과 고모라에 함께 내린 걸 보면, 이 둘은 쌍둥이 도시였던 모양이다.) 고대 서남아시아 세계에서 나그네는 과부나 고아와 같은 범주로 묶인다. 매우 취약한 계층이기 때문에, 반드시 무상의 호의와 돌봄을 받아야 하는 존재다.

롯은 그들을 집 안으로 들여 무교병을 대접한다. 무교병은 누룩을 넣지 않은 빵이다. 발효과정을 거치지 않아 딱딱하다. 손님을 대접하면서 이렇게 맛없는 빵을 내놓은 건 예의에 어긋난다. 아브라함의 성대한 식탁^{그림7}(창세기 18:6-8)[23]에 비하면 초라하기 짝이 없다. 급하게 차려내느라 시간이 부족했나? 하지만 문맥

---

23 아브라함은 고운 밀가루 세 스아(1스아는 약 7리터다)로 빚은 빵과 기름진 좋은 송아지 한 마리, 그리고 엉긴 젖과 우유를 대접했다.

을 살피면, 다른 이유가 있는 것 같다. 롯의 살림살이가 그 정도로 가난해진 거다. 풍요를 찾아 도시로 흘러들었지만, 그는 빈민으로 전락했다.(이영재, 『아브라함 이야기』, Ibp, 2016: 257 참고) 도시민들도 그를 우습게 본다. 이게 도시의 속성이며 죄악이다.

그림 7 <천사들을 섬기는 아브라함>, 렘브란트, 1646

소돔성 각 마을에서, 젊은이 노인 할 것 없이, 모든 남자가 몰려와서, 그 집을 둘러쌌다. 그들은 롯에게 소리쳤다. "오늘 밤에 너의 집에 온 그 남자들이 어디에 있느냐? 그들을 우리에게로 데리고 나오너라. 우리가 그 남자들과 상관 좀 해야 하겠다." 롯은 그 남자들을 만나려고 바깥으로 나가서는, 뒤로 문을 걸어 잠그고, 그들을 타일렀다. "여보게, 제발 이러지들 말게. 이건 악한 짓일세. 이것 보게, 나에게 남자를 알지 못하는 두 딸이 있네. 그 아이들을 자네들에게 줄 터이니, 그 아이들을 자네들 좋을 대로 하게. 그러나 이 남자들은 나

> 의 집에 보호받으러 온 손님들이니까, 그들에게는 아무 일도 저지르지 말게." 그러자 소돔의 남자들이 롯에게 비켜서라고 소리를 지르고 나서 "이 놈이, 저도 나그네살이를 하는 주제에, 우리에게 재판관 행세를 하려고 하는구나. 어디, 그들보다 네가 먼저 혼 좀 나 보아라" 하면서, 롯에게 달려들어 밀치고, 대문을 부수려고 하였다. (창세기 19:4-9)

우리의 도덕감각으로는 '남자를 알지 못하는 두 딸'을 성난 남자들의 성폭력 대상으로 순순히 내어주는 아버지가 용납되지 않는다. 비슷한 보기로, 사사기 19장에서 레위인이 자기 첩을 외간남자들의 윤간 대상으로 내어준 것도 이해하기 어렵다. 그러나 성서 시대의 윤리는 이 문제에 대한 고려가 전혀 없다. 윤리란 '사람' 사이에 마땅히 지켜야 할 도리일진대, 당시 여성은 사람의 범주에 끼지 못했으니까 말이다. (그러고 보면, 윤리의 진화는 '누가 사람인가'의 범위를 확장하는 방향으로 이루어져 온 듯싶다.)

더러는 소돔 남자들의 말 중에 '우리가 그 남자들과 상관 좀 해야 하겠다'가 동성애를 가리키는 표현이라고 주장할지 모른다. 여기서 '상관하다'로 번역된 히브리어는 '야다'인데, 구약성서에 거의 1,000번쯤 나온다. 그 가운데 성관계를 암시하는 용도로는 겨우 10번에서 11번 정도가 쓰였을 뿐이다. 그것도 모두 이성애를 가리키는 맥락에서 사용되었다. 그러니까 백번 양보해서 설령 그 말이 성관계를 나타낸다고 보더라도, 강조점은 동성애에 있지 않고, 폭력에 있다는 점을 놓치지 말아야 한다.

고대 사회에서는 포로로 잡은 남성을 성폭행하는 일이 그리 드물지 않았다. 하기야 어디 옛날에만 그랬나? 대명천지 21세기에도 아프가니스탄과 이라크에 파병된 미군 병사들이 그곳의 남녀 포로들을 성 학대했다는 사실이 밝혀져 충격을 던져주지 않았나? 전쟁은 족쇄 풀린 힘이 아무런 제어장치 없이 노골적으로 실행되는 공간이다. 여군이 남성 포로를 희롱했든지, 아니면 남군이 여성 포로를 겁탈했든지, 그것도 아니면 동성 간에 그런 일이 발생했든지 목적은 한 가지다. 상대방에게 극도의 무력감과 모욕감을 안겨주어 자신의 힘의 우위를 재확인하

그림 8 <바벨탑>, 브뢰헬, 1563

기 위해서다.

롯이 소돔 남자들을 동성애자로 여긴 것 같지는 않다. 거꾸로 소돔 남자들이 롯의 손님들을 동성애자로 여겼다고 볼 수도 없다. 단언컨대, 본문 어디에서도 소돔과 고모라 이야기를 동성애와 연결 짓는 의도는 찾아보기 어렵다. 신약성서가 이 본문을 해석할 때도 마찬가지다. "(하나님이) 소돔과 고모라 두 성을 잿더미로 만들고 멸망시키셔서, 후세에 경건하지 않을 자들에게 본보기로 삼으셨습니다. 그러나 무법한 자들의 방탕한 행동 때문에 괴로움을 겪던 의로운 롯은 구해 내셨습니다."(베드로후서 2:6-8) 여기 나오는 '무법한 자들의 방탕한 행동'이 자동으로 동성애와 결부되는 건 아니다.

소돔과 고모라가 망한 것은 바벨이 망한 것, 여리고가 망한 것, 사마리아와 예루살렘이 망한 것과 같은 이유다. 다시 말해 이기심과 탐욕에 사로잡힌 인간들이 저마다 재물과 명예와 권력을 쌓는 일에만 눈이 먼 나머지, 자기보다 힘없고 가난한 사람들을 향해 폭력을 마구 휘둘렀기 때문이다.

성서 저자는 심지어 롯의 두 딸이 아버지와 '관계'를 맺어 각자 아들을 낳은 일에 대해서도 윤리적 평가를 보류한다. 롯의 경우에는 너무 취해서 "그 딸이 눕고 일어나는 것을 깨닫지 못하였다"(창세기 19:33, 35)라고 핑곗거리를 마련해준다. 한편, 두 딸의 경우에는 오직 아들을 낳아야만 여성으로서의 존재 근거를 확보할 수 있었던 사회에서 나름 절박한 생존 전략이었다고(창세기 19:31-32) 변호한다. 이들에게서 태어난 두 아들이 모압과 암몬이다. 여기서 모압 족속과 암몬 족속이 나왔다는 소개로 이야기가 끝난다. 그리고 우리는 '모압 여인' 룻을 기억한다. 룻의 계보가 다윗을 거쳐 마침내 예수에게로 이어지는 도도한 성서의 흐름을 놓치지 않는다. 이 불가해한 신비의 이름이 '은혜'다.

그러므로 성서를 읽을 때는 우리의 음험한 눈부터 씻어야 한다. 성서는 윤리 교과서가 아니라 인간을 사랑하시는 하나님의 마음을 담은 보석 같은 책이기 때문이다. 나아가 구원이 나의 의로움에 대한 보상이 아니라 전적으로 하나님이 주시는 선물임을 안다면, 남의 허물과 상처를 헤집기 위해 성서를 펼치는 짓은 절대 하지 않을 테다. 성서에서 혹시 곤혹스러운 본문을 만나게 된다면, 아몬드나무[그림9 참조]에게 한 수 배우자.

나는 아몬드나무에게 말했노라.
아몬드나무야, 나에게 하나님에 대해 이야기해 다오.
그러자 아몬드나무가 꽃을 활짝 피웠다.
- 니코스 카잔차키스, <아몬드나무에게>

(구미정, 『구약 성서: 마르지 않는 삶의 지혜』,
사계절, 2015: 275에서 다시 따옴)

그림 9 <아몬드나무>, 고흐, 1890

5. 언약

하나님이 세상에 보내는 연애편지

5. 언약
- 하나님이 세상에 보내는 연애편지

이스라엘 민족의 뿌리 경험

누구에게나 오늘의 자기를 있게 한 인생의 전환점이 있기 마련이다. 민족도 예외가 아니다. 하나의 민족을 다른 민족과 구분 짓게 만드는 특별한 경험이 있다. 성서에 나타난 이스라엘의 경우에는 '출애굽'(이집트 탈출)이다. 이스라엘 민족은 '하나님이 선택하신 백성'이라는 독특한 자기 이해를 지니는데, 이러한 정체성을 갖게 된 배경에 출애굽 사건이 있다.

출애굽이 이스라엘 민족에게 갖는 의미를 더듬기 위해서는 미국의 건국 이야기를 잠시 살피는 게 도움이 되겠다.(구미정, 『구약 성서: 마르지 않은 삶의 지혜』, 32-36 참고) 미국이라는 나라는 '구대륙 유럽'에서 종교적으로 억압받다가 신앙의 자유를 찾아 '신대륙 아메리카'로 건너온 청교도들(the Puritans)이 세운 '위대한 나라'라고 한다. 미국의 역사 교과서에도 이렇게 나오고, 하다못해 영화 <강철비 2: 정상회담>(2019)에서 우리나라 대통령(정우성 역)이 미국 대통령을 설득할 때도 그렇게 말한다.

한데 1620년 9월 16일 '메이플라워'(Mayflower)호를 타고 영국 플리머스에서 출발해, 12월 21일 북아메리카 매사추세츠주 플리머스(원래 이름은 분명 달랐을 텐데, 배에서 내린 사람들이 도착지 이름을 출발지와 똑같이 짓는 바람에 그렇게 되었다)에 도착한 백여 명의 사람들이 모두 다 신실한 청교도들이었던 것은 아니다. 그들 중에는 이런저런 불미스러운 일로 유럽에서 도저히 살지 못할 형편에 놓인 사람들도 포함돼 있었을 거다. 이들에게는 신대륙으로 건너가는 선택이 '신분세탁'이거나 '도피'였을 확률이 높다. 더러는 '기회의 땅' 신대륙에서 한밑천 잡으려고 온 투기꾼이나 모리배도 있었을 테다. 그러나 미국 사람들이 말하는 건국 이야기의 주인공은 그들이 아니다. 100여 명 가운데 일부인 35명, 영국 국교회의 박해를 피해 자신들의 신앙을 지키고자 신대륙으로 건너온 청교도들이 미국 건국 이야기의 주인공이다.(박정신, 『역사학에 기댄 우리 지성 사회 인식』, 북코리아, 2008: 14-17)

요컨대 이야기를 짓는 주체가 누구냐 하는 게 중요하다. 청교도들은 기본적으로 종교 지식이 있는 사람들이다. 수상쩍은 범법자들보다는 '의미를 만드는' 일에 한층 유리했으리라고 쉬이 짐작할 수 있다. 이 청교도들이 구대륙 유럽을 떠나 신대륙 아메리카로 건너온 사건에 자기들의 시각에서 의미를 부여했다. 메이플라워호가 태워 나른 사람들은 어디까지나 종교의 자유를 찾아 이역만리 낯선 땅으로 건너온 '순례자들'(pilgrims)이라고 말이다. 자기들은 구대륙 유럽에서 '다른 신앙' 때문에 억눌리고 박해받던 사람들인데, 그 신앙을 자유로이 추구하기 위해 목숨을 건 여행을 했다고 한다. 나아가 이 여행은 자의적인 선택이 아니라 신대륙 아메리카에서 '새 이스라엘', '새 가나안'을 건설하라는 하나님의 부르심에 순종한 결과란다. 사실이야 어떻든 이러한 의미 부여가 어중이떠중이들을 하나로 결집하는 '이야기의 힘'을 발휘했다.

이스라엘 민족의 경우에서도 비슷하다. 하나님의 거룩한 백성이라는 독특한 선민의식을 지닌 그들은 역사 현상을 하나님의 시각에서 해명하려고 몸부림쳤다. 하여 출애굽은 단순히 노예들이 반란을 일으켜 해방을 쟁취한 이야기일 수 없었다. 만약 그랬다면, 반란을 주도해 승리로 이끈 사람들이 주인공이 될 테다. 하지만 하나님의 구원사에서 사람이 주인공이 될 수는 없는 노릇이다. 사람은 그저 하나님과 함께 일하는 동역자일 뿐이다.(고린도후서 6:1 참고)

창세기에 등장하는 '위인'들이 이를 잘 보여준다. 믿음의 조상 아브라함은 스스로 노력해 그런 타이틀을 거머쥔 게 아니다. 하나님이 그를 선택하고 이끄셨다. 아브라함과 이삭과 야곱은 모두 하나님의 사랑을 받았으나, 인간적인 결함과 한계로 인해 자주 실수하고 실패했다. 하나님의 선택을 받은 족속이면 세상 족속과 구별되게 살아야 하지만, 그러지 못하고 평범한 세속인처럼 살았다. 이점이 출애굽기에서도 그대로 반복된다. 인간의 못나고 부끄러운 모습을 여과 없이 보여준다. 해서 성서를 읽을 때는 등장인물이 아무리 대단한 위인이어도, 이를테면 '왕 중의 왕' 다윗이나 '예언자 중의 예언자' 엘리야라도 그 사람을 높이면 안 된다. 하나님을 높여야 한다. 비유컨대, 달을 가리키는 손가락이 아니라 달을 바라보아야 한다.

창세기는 요셉의 죽음으로 막을 내린다. 요셉은 야곱이 가장 사랑한 아들이었다. 이 편애가 다른 형제들의 시기심을 자극해 요셉을 죽음의 위기로 몰아넣었다. 가인에서 시작된 형제 살해의 모티브가 여기서도 되풀이된다. 유다의 기지로 살아난 요셉은 상인들에게 팔려 애굽으로 흘러 들어가게 된다. 우여곡절 끝에 총리대신의 자리에까지 올라 가족을 초청하니, 야곱의 열두 아들이 모두 애굽에서 살게 됐다. 이러한 요셉의 서사는 자칫하면 개인의 성공담으로 읽히기 쉽다. 우리의 성서 읽기가 그런 식으로 길을 잃을까 봐 성서 저자는 곳곳에 표지석을 깔아둔다. 요셉이 애굽이라는 제국 문명과 타협하고 동화된 내력을 숨기지 않는다.

노동은 노예의 몫

아니나 다를까, 야곱의 후손들은 애굽에서 결국 노예 신세로 전락하고 만다. 이 노예들을 통틀어 부르는 말이 '히브리'다. 히브리는 아삐루(apiru) 혹은 하비루(habiru)에 어원을 둔 말로, '강을 건너 온 사람들'을 가리킨다. 고대 세계에서 강은 요즘의 국경이나 다름없으니, 누군가를 저렇게 부른다는 것은 사회에서 안정된 기반을 확보하지 못하고 생계를 위해 떠도는 최하층 천민을 의미했다. 하비루는 고대 이집트와 메소포타미아 문명권에서 무법자, 범법자, 도망자, 강도, 반란자, 질서 교란자로 여겨졌다.

노예에게 무슨 삶의 기쁨이 있겠는가? 아무런 희망이 없는 어둠의 날들이 계속되던 차에, 하나님께서 그들의 신음에 응답하신다. 출애굽기에서 하나님은 자신을 히브리 노예들의 하나님으로 세상에 알린다. 애굽에서 강제노동에 시달리던 히브리인들이 모세의 인도를 따라 홍해를 건넜다. "장정만 해도 육십만가량"(출애굽기 12:37)이나 되는 엄청난 인원이 집단탈출에 성공했다. 여자와 어린이까지 합치면 200만 명이 넘는다는 소리다. 이 숫자는 출애굽 이후 300여 년이 지난 솔로몬 왕국 시대의 인구와 맞먹는다. 애굽이 아무리 큰들 한 나라 인구가 쑥 빠져나갈 정도였다면 타격이 이만저만이 아니었겠다.

한데 애굽 역사에는 히브리 노예들의 집단탈출기가 언급조차 되지 않는다. 성서에 그토록 장황하게 기록된 이야기가 애굽 역사에는 전혀 등장하지 않는다. 합리적 세계관 아래 살아가는 우리는 이런 '불편한 진실' 앞에서 당혹스럽다. 어느 쪽이 참이고 어느 쪽이 거짓인지를 명명백백하게 가리고 싶은 욕구가 엄습한다. 그러나 거듭 말하건대, 성서는 과학책이 아니다. 신문기자는 일어난 사건을 사실 그대로 보도해야 한다는 압박감에 시달리지만, 성서 기자는 그렇지 않다. 사실 너머의 진실, 그 진실에 담긴 하나님의 마음이 더 중요하다.

해서 출애굽 당시 실제 몇 명이 탈출했는지는 성서 기자의 진짜 관심이 아니다. 오히려 이 이야기를 소중히 간직한 집단이 출애굽을 옛날이야기가 아니라 '이제 여기'의 사건으로, 먼 조상들의 이야기가 아니라 '우리 모두'의 사건으로 받아들이도록 하는 데 공을 들였다. 이 '이야기의 힘'을 선점한 사람들이 바로 히브리 '잡족'(雜族) 중에서도 이스라엘 자손이라 불린 사람들, 곧 야곱의 후손들이었다. 그들이 출애굽에 '신학적' 의미를 부여했다. 다시 말해, 출애굽은 그저 노예들이 정치적 해방을 위해 스스로 일구어낸 성취가 아니라 하나님이 그들을 자기 백성으로 선택한 사건이라고 이해했다. 모세가 파라오 왕 앞에 당당히 서서, 하나님이 말씀하시기를 "나의 백성을 보내라, 그들이 나를 예배할 수 있게 하여라"(출애굽기 3:12, 4:23; 7:16, 8:20, 9:13, 10:3 참고)라고 전했을 때, 파라오의 표정이 어땠을지를 상상해보라. 노예 주제에 밥 때문이 아니라 예배 때문에 자유를 얻어야겠다니, 개가 풀 뜯어 먹는 소리라고 콧방귀를 끼지 않았겠나?

고대 사회에서는 노동을 신의 저주로 여겼다. 르네상스가 그토록 예찬해 마지않던 고대 그리스 문명도 따지고 보면 노예제도 위에서 꽃핀 것이었다. 흔히 아리스토텔레스(Aristotle, BC 384~322)가 인간을 '정치적 동물'(political animal)로 정의했다고 말하지만, 원뜻을 그대로 살리면 '폴리스'(polis), 곧 도시 안에서 사는 사람만 인간이라는 의미였다. 도시는 시민들의 유희 공간이었다. 시민들이 정치에 참여하고 '심포지엄'(symposium, 함께 술을 마시며 향연을 즐기는 가운데 특정 주제를 놓고 자유롭게 토론하는 것)을 벌이며 다양한 문화 예술 및 스포츠를 즐기는 모든 활동이 도시 안에서 이루어졌다. _{그림1 참고} 노예는 당연히 시민이 아니었다. 시민들이 유유자적하게 자기를 실현해 나갈 때 노예는 죽자사자 일만 해야 했다.

그림 1 <아테네 학당>, 라파엘로, 1510-11

『일리아스』와 『오디세이아』로 유명한 고대 그리스 작가 호메로스(Homeros, BC 8세기경)는, 노동은 인간을 미워한 신이 앙심을 품고 인간을 고생시키기 위해 만들어낸 저주라고 정의할 정도였다.(조안 B. 시울라, 『일의 발견』, 안재진 옮김, 다우, 2005: 65 참고) 노예제 사회에서 '인간답다'는 말은 '일하지 않는다'는 말과 같은 의미였다. 노예가 아닌 인간은 여가만 누리면 되지, 노동할 필요가 없었다. 귀족의 미덕은 나태함이었다. 그리스인들은 여유롭고 한가한 사람을 인간의 이상으로 보았기에 틈만 나면 여가 생활에 빠졌다.[24]

이런 역사 문화적 배경을 고려하면, 창세기의 하나님이 사람을 창조하실 때 손수 흙으로 빚었다(창세기 2:7)는 증언이 고대 노예제 사회에서 얼마나 큰 파장을 불러일으켰을지 대충 알 것도 같다. 거의 핵폭탄급 충격이 아니었을까? 세상에 신이 노동한다니, 게다가 신이 인간을 지은 목적도 "땅을 갈 사람"(창세기 2:5)

---

24 아리스토텔레스는 다양한 여가활동 중에서도 음악과 명상을 높이 쳤다. 특히 명상은 고대 그리스인들이 가장 이상적으로 여긴 여가활동이었다.

그림 2 <에덴동산>, 크라나흐, 1530

이 필요해서라니, 이 무슨 해괴망측한 소리란 말인가!^{그림2 참고} 노예제를 근간으로 세워진 왕국과 제국들에서 이런 하나님은 '듣보잡'(듣지도 보지도 못한 잡것의 줄임말)이었겠다. 이 하나님이 자기를 노예의 하나님으로 계시하신 것도 부족해 유일신을 자처했으니, 니체(Friedrich Wilhelm Nietzsche, 1844~1900)의 지적이 과연 촌철살인이다. "옛 신들은 오래전에 최후를 마쳤다. … 그들은 오히려 너무 웃다가 죽고 만 것이다. 이 일은 한 신이 이렇게 말했을 때 일어났다. '신은 유일하다! 너는 나 이외에 다른 신을 섬기지 말라!'"(고병권, 『니체의 위험한 책, 차라투스트라는 이렇게 말했다』, 그린비, 2013: 111)

그러니까 하나님이 출애굽을 주도하신 것은 애굽 문명에 대한 심판이었다. 애굽인들은 신성한 노동을 노예들을 부리는 수단으로 변질시켰다. 성서 저자는 재치 넘치는 말놀이를 통해 고대 사회의 노동관을 은근히 비판한다. 히브리어로 '노동하다'의 동사가 '아바드'인데, 이게 명사 '에베드'가 되면 '노예'라는 뜻이다. 노동과 노예를 동일시하는 도시 문명의 관행을 들추며, 원래 노동의 참뜻은 "창

조계에 생명을 불어넣는 신성한 수단"(이영재, 『해방의 하나님』, Ibp, 2016: 44)
이었음을 상기시킨다.

모세, 뿔이 나다

'색채의 마술사' 마르크 샤갈(Marc Chagall, 1887~1985)의 본명은 모이슈 세갈(Moshe Segal)이다. 우리 식으로 발음하면 모세 세갈이 된다. 그는 리투아니아 국경에 가까운 러시아(지금의 벨라루스) 비테프스크의 유대인 난민촌에서 9남매의 맏이로 태어났다. 그의 출생에 얽힌 이 한 문장이 지닌 무게는 절대 가볍지 않다. 청년기에 그는 1차 세계대전을 만났다. 중년기에는 2차 세계대전이 벌어졌다. 이때 독일 나치가 유대인 대학살을 저질렀다. 그림3 참고 이처럼 참혹한 역사적 소용돌이 속에서 디아스포라 유대인 화가로 산다는 건 어떤 의미였을까? 전운(戰雲)을 피해 프랑스로 이주하면서 이름을 '마르크'(마가)로 바꾸었지만, 그의 집단 무의식에는 언제나 고향 비테프스크가, 그리고 지극히 유대인스러운 이름 '모세'가 깔려 있었다.

만년에 샤갈은 프랑스 남부 생폴 드 방스에 정착한다. 세계적인 휴양지로 손꼽히는 니스에서 멀지 않은 곳이다. 거기서 폐쇄된 아름다운 성당을 발견하는데, 십자가형으로 설계된 칼베르 노트르담 성당이었다. 샤갈은 이 성당의 12개 벽에 '천상의 메시지'를 장식하기로 한다. 오랜 연구와 고민 끝에 창세기와 출애굽기에서 12가지 에피소드를 골라 시리즈로 구성하고, 아가서에서 뽑은 5가지 에피소드를 더해 완성하기로 마음먹지만, 안타깝게도 미완으로 끝난다. 대신에 이 대담한 연작은 1973년 니스에서 개관한 샤갈의 '성서 메시지 미술관'의 핵심 작품으로 자리 잡는다.

샤갈의 출애굽 연작은 성서에 문외한인 사람들에게도 출애굽기를 이해하는 데 좋은 길잡이가 된다. <바로 왕의 딸과 모세>(1966)[25]는 모세의 누이 미리암이 나일강으로 목욕하러 온 공주에게 아기 모세가 담긴 바구니를 바치는 장면이다. 물론 성서에서는 미리암의 역할이 이렇게 직접적이지 않다. 그러나 미리암의 용기

---

25   샤갈, <파라오의 딸과 모세>, 1966, 석판화, 35*47.5, 니스, 샤갈 성서 메시지 미술관.

그림 3 <하얀 십자가>, 샤갈, 1938

와 지혜가 없었다면, 모세가 살아남기란 어려웠을 것이다. 그래서 샤갈은 의도적으로 미리암의 역할을 강조한다. 모세 이야기의 전반부는 여성들의 서사가 단연 돋보인다. 산파(십브라와 부아), 모세의 친어머니(요게벳), 모세의 양어머니(유대 전승에서 '비티아'로 알려져 있다)[26], 모세의 누이(미리암) 등 여성들이 하나님과 함께 일하는 동역자로 등장한다.

<모세가 자기 백성의 고난을 보다>(1966)[27]에서는 노예 노동의 현실이 잘 그려져 있다. 노예들이 저마다 커다란 짐을 등에 지거나 머리에 얹었다. 아래는 벽돌을 굽는 모습도 보인다. 그런데 왼쪽 아래 크게 그려진 모세의 얼굴이 수상하다. 머리에 커다란 뿔 두 개가 하늘 높이 솟아 있다. 이 작품에서만이 아니다. <불타는 떨기나무>(1966)[28]에서도 모세의 머리 위에는 큰 뿔이 나 있다. 시내 산에서 십계명을 받는 장면을 그린 <십계명을 받는 모세>(1963, 1966)[29]도 마찬가지다. 이번에는 뿔이 두 개라기보다는 빛처럼 사방으로 뻗치는 느낌이다. <모세>(1956)[30] 초상화는 단순미가 압권이다. 마치 '모세'라고 하면 십계명과 뿔을 빼놓고 얘기할 수 없다는 듯이 추상화했다. 십계명은 이해가 되지만, 뿔은 도대체 왜 그려 넣은 걸까?

미켈란젤로(Michelangelo di Lodovico Buonarroti Simoni, 1475~1564)가 조각한 <모세>(1513-16)[조각1]에도 똑같이 뿔이 나 있다.[31] 미켈란젤로의 후원자였던 교황 율리우스 2세가 자기 업적을 모세에 버금가는 것으로 후대에 각인시켜 달라고 유언함에 따라 그의 영묘를 장식하기 위해 제작됐다. 모세가 팔에 끼고 있는 두 개의 돌판은 십계명을 가리킨다. 우리말 성서에는 모세가 시내 산에서 십계명이 새겨진 두 개의 돌판을 가지고 내려올 때 얼굴에서 "빛이 났다"(출애굽기 34:29, 30, 35)고 적혀 있다. 그런데도 미켈란젤로는 왜 머리에 뿔이 돋아난 것으로 재현했을까?

---

26 이와 관련해서는 나의 책, 『교회 밖 인문학 수업』 3장을 볼 것.
27 샤갈, <모세가 자기 백성의 고난을 보다>, 1966, 석판화, 37*50, 니스, 샤갈 성서 메시지 미술관
28 샤갈, <불타는 떨기나무>, 1968, 석판화, 37*50, 니스, 샤갈 성서 메시지 미술관
29 샤갈, <십계명을 받는 모세>, 1966, 26*31.6, 니스, 샤갈 성서 메시지 미술관
     샤갈, <십계명을 받는 모세>, 1963, 38*46, 니스, 샤갈 성서 메시지 미술관
30 샤갈, <십계명을 받는 모세>, 1956, 석판화, 42.5*65.5, 니스, 샤갈 성서 메시지 미술관
31 베드로를 묶었던 쇠사슬이 보관된 성당으로 유명한 산 피에트로 인 빈콜리('빈콜리'가 쇠사슬이라는 뜻이다) 성당 바깥벽에 장식돼 있는데, <다비드>, <피에타>와 함께 미켈란젤로의 3대 걸작을 이룬다.

조각 1 <모세>, 미켈란젤로, 1513-16

고대 히브리어는 모음이 없고 자음만 있었다. 모음을 어떻게 발음하냐에 따라 뜻이 완전히 달라진다. 오죽하면 우리말에도 '아' 다르고 '어' 다르다는 표현이 있지 않은가? '빛이 났다'는 말은 히브리어로 '카란'이다. 한데 초기 기독교 교부 히에로니무스(Eusebius Sophronius Hieronymus, 345?~419?)가 히브리어 성서를 라틴어로 번역하는 과정에서 '카란'을 '케렌'으로 잘못 읽어 '코르누타'(cornuta)라고 옮겼다. 코르누타는 '뿔이 났다'는 뜻이다. 이게 성화에서 모세를 가리키는 주요 도상으로 굳어졌다. 미켈란젤로의 실수가 아니라는 말이다.

유대인 화가인 샤갈 역시 미켈란젤로를 답습했다. 이마에 뿔이 있다는 건 범상한 우리와 다르다는 뜻이므로, 모세를 비범한 위인으로 묘사하고자 할 때는 이만한 도상도 없는 셈이었다. 그렇다면 개신교 화가는 어떨까? 종교개혁자 마르틴 루터는 '오직 은총'(Sola Gratia)을 종교개혁의 중심 원리로 내세웠다. 구원은 인간이 스스로 쌓은 선행이나 업적이나 공로에 기대어 하나님과 거래하는 수단이 아니라, 오직 하나님이 내려주시는 전적인 선물이라고 선언함으로써 부패한 중세 가톨릭 세계의 미신적 신앙에 일침을 가했다.

그러나 종교개혁 운동이 삽시간에 유럽 전역으로 퍼져나간 이유를 단순히 이 주장의 신학적 올바름에서만 찾을 수는 없다. 더 많은 변수가 고려되어야 하는데, 그중 가장 큰 것이 성서 번역이었다. 당시 국제공용어였던 라틴어 성서가 제 나라말로 번역되니, 누구나 직접 자기 말로 성서를 읽고 뜻을 새기는 일이 가능했다. 하나님과 신자 사이에 끼어서 천국을 매매하던 '브로커'(broker, 중개인)의 지위에 대변동이 일어났다.

이에 따라 개신교 화가의 입지도 좁아질 수밖에 없었다. 본래 성화란 것이 성서를 읽을 수 없는 신자들을 위해 성서의 내용을 알기 쉽게 전달할 목적으로 그려진 것인데, 마음만 먹으면 아무나 쉽게 성서를 읽게 된 판에 굳이 교회에 성화를 걸어둘 이유가 뭐란 말인가? 종교개혁이 성상 파괴 운동을 동반한 데는 이런 배경이 있었다.

그래서 렘브란트의 자리가 귀한 것이다. 개신교 화가로서 렘브란트는 자신이 체득한 개신교 신학에 비추어 성서 전체를 화폭에 담으려고 고군분투했다. 당연히 교회의 지원이 있을 리가 없었다. 게다가 그는 '스캔들 제조기'가 아닌가 말이다. 초상화 주문도 끊어졌다. 가난과 고난 속에서 죽는 날까지 오직 성화에만 매달린 그는 말 그대로 '신 앞에 선 단독자'였다.

렘브란트가 <십계명이 새겨진 돌판을 깨뜨리는 모세>(1659)그림5를 그렸다. 이 모세는 뿔이 없다! 같은 주제를 다룬 샤갈의 작품(1956)그림4과 비교하면 더 좋겠다. 샤갈의 모세는 하늘에 닿은 뿔 두 개가 선명하다. 존재감이 어찌나 큰지, 화면을 좌우로 나누는 동시에 온몸으로 하늘과 땅을 연결한다. 반면, 렘브란트는 모세의 머리에 뿔이 난 대신에 이마에 빛이 나게 처리했다. 개신교 성서가 문제의 본문을 '빛이 났다'고 번역했기 때문이다. 여기서 끝이 아니다. 미켈란젤로의 모세는 화가 난 표정인데, 렘브란트의 모세는 어쩐지 슬픈 표정이다. 십계명이 새겨진 돌판을 들고서 시내 산 아래로 내려왔는데, 글쎄, 자기가 산 위에 올라가 있는 동안 백성들이 그새를 못 참고 아론을 부추겨 금송아지를 만든 게 아닌가?[32]

렘브란트는 그 순간을 예민하게 포착했다. 슬픈 모세의 얼굴을 통해 아무리 사랑을 퍼주어도 줄곧 배반당하기만 하는 가련한 하나님의 비애를 그렸다. 어쩌면 성서가 처음부터 끝까지 일관되게 증언하는 건 하나님의 이 슬픈 사랑인지도 모른다. 십계명은 그 사랑이 적힌 하나님의 연애편지다. 백성들이 이 마음을 몰라준다고 해서, 엉뚱한 짓을 한다고 해서 모세가 하나님의 연애편지를 함부로 찢어버릴 권한은 없다. 사랑은 오래 참는 거니까.

그림 4 <십계명 돌판을 부수는 모세>, 샤갈, 1956

---

32 금송아지상은 목록 신의 형상이었다. 가나안의 주신인 바알상 머리에도 황소 뿔 모양의 투구가 씌워져 있다. 모두 풍요와 권력을 상징하는 신상들이다. 그런 만큼 오늘날 세계 금융자본주의의 선봉에 선 미국 월스트리트 한복판에 황소상이 서 있는 건 별로 이상한 일이 아니다.

그림 5 <십계명이 새겨진 돌판을 던지는 모세>, 렘브란트, 1659

모든 것을 덮어주고 견디는 거니까.(고린도전서 13:4-7 참고)

사랑은 더 많이 사랑하는 쪽이 지게 돼 있는 불공정 게임이다. 이번에도 하나님이 지셨다. 하나님은 무효가 된 언약을 다시 갱신하기로 마음먹고서, 모세가 가져온 새로운 돌판에 친히 '언약의 말씀', 곧 십계명을 새겨 주신다. 그런데 '계명'이라고 하면 무겁고 두려운 느낌이 든다. 안 지키면 크게 벌을 받을 것 같다. 히브리어를 직역하면 '열 마디 말씀'이라는데, 어째서 십계명이라고 번역했는지 모르겠다. 이것이 연애편지라면, 사랑하는 이가 건네는 '열 마디 말씀'이라고 하는 게 훨씬 정겹지 않은가?

첫 운을 떼기 전에 하나님은 자기소개부터 하신다. "나는 너를 애굽 땅, 종 되었던 집에서 인도하여 낸 네 하나님 여호와니라."(출애굽기 20:2, 개역개정) '나는 여호와다'라는 문장 안에 수식어를 담았다. 당신의 이름은 여호와(야훼)인데, 그가 애굽에서 노예로 살던 자기 백성을 구원해냈다고 분명히 밝힌다. 노예 노동 위에 세워진 고대 문명에 대한 반제(反題) 선언이다.

그리고는 본론으로 넘어간다. 열 마디 말씀 중 첫 마디는 이렇다. "너는 나 외에는 다른 신들을 네게 두지 말라."(출애굽기 20:3, 개역개정) 이 문장을 두고 '유일신' 신앙을 강요하는 기독교의 하나님이야말로 가장 폭력적이라고, 나아가 유일신 신앙을 공유한 종교들(유대교, 기독교, 이슬람교)이 세상의 모든 종교 가운데 제일 폭력적이라고 목에 핏대를 세우는 사람들은 사랑을 몰라서 그렇다. 사랑하는 사람들끼리는 원래 다 저렇게 말한다. 너, 나 말고 딴 남자/여자한테 눈길 주면 안 돼. 너한텐 나밖에 없는 거야.

하나님은 최고신이 아니다. 이 세상에 존재하는 무수한 신들 중에 가장 윗자리에 있는 신이 아니다. 도리어 하나님은, 그러니까 여호와라는 이름으로 세상에 자기를 드러내실 때의 하나님은 무수한 신들의 명단에 들어있지도 않았다. 고대 사회의 모든 도시국가는 저마다 수호신을 모셨는데, 도시들이 서로 힘을 합쳐 왕국을 건설하고 제국을 세우면 그 신들의 수효가 얼마나 많았겠는가? 그 무수한 신들을 모신 만신전에 여호와의 이름이 낄 자리란 없었다. 여호와는 노예들의 하나님이니까 말이다.

해서 유일신 신앙, 곧 여호와 하나님 이외의 모든 신을 부정하는 믿음은 모든 국가의 노예제도를 부정한다는 의미였다.(이영재, 『하나님 나라 세우기』, Ibp, 2017: 337 참고) 출애굽 백성이 가나안에 정착하는 과정에서 이들을 환영한 무리가 어떤 부류의 사람들이었는지 생각해 보라. 라합 같은 성노예 여성이다! 라합은 여호와 하나님이 어떤 분인지를 깨우치자마자 "당신들의 하나님만이 참 하나님"이라고 고백했다.(여호수아 2:11)

나는 이 하나님을 만났을까? 이 질문은 이렇게 번역되어야 한다. 나는 자유인인가? "노예는 사랑을 할 자격이 없다. 인간의 가장 소중한 감정인 사랑은 오직 자유인에게만 허락되니까 말이다."(강신주, 『강신주의 감정수업』, 민음사, 2014: 30) 하나님이 애굽에서 노예로 살던 백성을 끌어내신 건 그 때문이다. '나는 너희의 하나님, 너희는 나의 백성', 이 달콤한 언약을 시작으로 길고 긴 사랑 이야기를 써나가려면 먼저 자유가 전제되어야 하므로.(김상현·우진성, 『사랑이야기』, Ibp, 2019: 177, 183 참고)

한데 사랑에는 더 깊은 진실이 있다. '당신 뜻대로 할게요.' 요람에서 무덤까지 자기 뜻대로만 하고 싶은 게 인간의 본성이다. 그런 인간의 입에서 저런 말이 흘러나온다면 십중팔구 사랑에 빠진 것이다. (돈 때문에 저 말을 한다면 그건 자유가 아니라 굴욕이다.) 사랑은 인간을 머리끝부터 발끝까지, 바깥에서 아낙까지 속속들이 변화킨다. 사랑한다고 말하면서 '당신'이 좋아하는 모습으로, '당신'의 마음에 드는 쪽으로 전혀 바뀌지 않는다면, 그건 사랑이 아니다. 죽어도 포기하지 못하는 취향이나 신념, 소신이나 종교마저 기꺼이 내던지게 만든다. 하나님이 십자가에서 보이신 슬픈 사랑이 바로 그거다.

6. 믿음

맹목과 광신을 넘어서

6. 믿음
- 맹목과 광신을 넘어서

의심의 양면성

바다 위를 항해하던 화물선에 불이 났다. 선원은 작은 구명정에 몸을 싣고 간신히 탈출해 밤하늘의 별을 나침반 삼아 고향 쪽으로 배를 몰았다. 하지만 어느 날부턴가 밤이 되어도 별이 뜨지 않는 거라. 별 없는 밤이 계속되자 자기가 가는 방향이 맞는지 불안해지기 시작한다. 평생 뱃사람으로 잔뼈가 굳었는데도 자꾸 의심이 생긴다. 내가 제대로 가고 있는 거 맞아?

플린 신부가 이런 설교를 하고 있을 때, 알로이시스 수녀의 입가에 야릇한 미소가 번진다. 이 미소의 의미는 비아냥에 가깝다. 신부씩이나 된 사람이 저따위 설교를 하다니, 자기 신앙에 얼마나 확신이 없으면 흔들리나? 어쩐지 술과 담배와 고기를 즐기는 게 불순해 보이더니만, '악마의 유혹'인 설탕을 절제하지 못하고 커피에 세 덩이나 넣는 게 방탕해 보이더니만, 글씨도 만년필로 정성껏 써야지 볼펜으로 휘갈겨 쓰는 게 날라리처럼 보이더니만, 내 눈은 못 속이지.

알로이시스 수녀는 미국 뉴욕 브롱크스에 자리한 성 니콜라스 교구 학교의 교장이다. 유서 깊은 종교학교인 만큼 그녀는 학생들을 독실한 신앙인으로 훈육하려고 애쓴다. 금주와 금연은 기본이요, 설탕도 먹지 말고 볼펜도 사용하지 말며 손톱도 기르면 안 된다고 가르친다. 그런데 플린 신부가 교구 담당으로 부임하면서 사사건건 그녀의 심기를 건드린다. 청결하게 유지하면 그만이지, 손톱이 얼마나 긴가는 문제가 아니라나? 그런 신부를 바라보는 알로이시스 수녀의 눈에서 레이저 불빛이 쏟아지기를 여러 날.

마침 이 학교에 아프리카계 미국인 남학생 도널드가 입학한다. 학교가 문을 연 이래 처음 있는 일이다. 때는 1964년, 마틴 루터 킹 목사의 흑인민권운동의 영향으로 흑인도 백인과 어울려 공부를 할 수 있게 됐다. 그런데 하루는 도널드의 담임선생이 알로이시스 수녀를 찾아와 이상한 말을 전한다. 플린 신부가 도널드를 따로 불렀는데, 둘 사이가 각별해 보이더라고. 알로이시스 수녀는 속으로 쾌재를 부른다. 내가 언젠가는 이런 일이 생길 줄 알았다니까.

영화 <다우트>(2009)의 한 장면이다. 할리우드의 명배우 메릴 스트립이 알로이시스 수녀 역을, 필립 세이모어 호프만이 플린 신부 역을 맡았다. '다우트'(doubt)는 '의심'이라는 뜻이다. 알로이시스 수녀는 플린 신부가 어린 남학생을 성추행했다고 '의심'한다. 확실한 증거는 없지만, 플린 신부의 개방적인 태도와 자유로운 행실을 보면 그러고도 남는다고 '확신'한다.

반전은 이때부터다. 시간이 지나서 알로이시스 수녀는 플린 신부의 소식을 듣게 된다. 그가 말없이 사임한 뒤에 좌천된 줄 알았는데, 그게 아니었다. 오히려 영전했다. 게다가 플린 신부가 도널드를 따로 부른 건 도널드가 백인 학생들에게 왕따를 당하고 있었기 때문이다. 진실을 알게 된 알로이시스 수녀는 오열한다. 내가 참으로 어처구니없는 의심에 사로잡혀 있었구나.

이 영화의 묘미는 여기까지 오는 동안 관객들도 알로이시스 수녀의 의심에 토를 달기 어렵다는 점이다. 카메라가 그녀의 눈을 대신하는 까닭에 플린 신부의 사소한 행동 하나하나가 다 거슬리게 보인다. 평소에 저렇게, 그러니까 커피에 설탕을 세 덩이나 넣는 식으로 행동하는 사람이라면 정말로 자신의 욕정을 다스리지 못하고 방종하게 살 것만 같다.

이런 추측이 편견일 수 있다는 생각은 도무지 하지 못한다. 나의 확신이 사실은 나의 좁다란 경험치에서 비롯된 고정관념일 뿐이라는 '의심'은 더더욱 하지 못한다. 달콤한 커피를 좋아한다는 건 그 사람의 취향일 뿐, 그것이 신앙이나 윤리와 도대체 무슨 상관이 있단 말인가? 섣부른 일반화의 오류가 사람을 잡을 수도 있다는 성찰에 도달하기까지는 갈 길이 아주 멀다.

"흔들리지 않고 피는 꽃이 어디 있으랴/이 세상 그 어떤 아름다운 꽃들도/다 흔들리면서 피었나니/흔들리면서 줄기를 곧게 세웠나니/흔들리지 않고 가는 사람이 어디 있으랴"(도종환, <흔들리며 피는 꽃> 중에서)

그림1 <토비트와 안나>, 렘브란트, 1626

그림 2 <포목상 조합 이사들>, 렘브란트, 1662

종교와 정치가 만났을 때

렘브란트가 1626년에 그린 <토비트와 안나> 이야기를 해보자.^{그림1} 토비트는 한국 개신교인들에게 무척 낯선 이름이다. 66권으로 이루어진 신·구약전서 어디에서도 접하지 못했다. 그도 그럴 것이 이 이름은 외경(外輕)에 들어있기 때문이다. 외경이란 성서가 지금의 형태로 편집·선정되는 과정에서 정경(正經)에 포함되지 못한 책들을 말한다. 천주교에서는 '제2 정경'이라고 하여 정경에 버금가는 권위를 부여한 데 반해, 개신교에서는 신앙 서적으로만 취급하는 분위기다.[33]

1626년이면 렘브란트가 스무 살이 되던 해다. 당시 네덜란드는 스페인 제국(에스파냐)과 독립전쟁 중이었다. 이미 1차 독립전쟁(1555~1609)이 끝나고 잠

---

33 천주교 내부의 종교개혁으로 일컬어지는 제2차 바티칸 공의회(1965) 이후 천주교에서도 라틴어 성서를 자국어로 번역해야 한다는 데 뜻을 모았다. 이에 한국 천주교는 자국어 성서를 이미 번역·출간하고 있던 세계성서공회와 신·구교 공동번역·출간을 합의해, 대한성서공회 산하에 구약공동번역위원회(1968)와 신약공동번역위원회(1969)를 두고 번역에 착수, 1971년에 신약성서가, 1977년에 구약성서가 발행되었다. 이때 신약성서는 세계성서공회연합회가 출판한 『그리스어 신약성서』 1판(1961)을, 구약성서는 루돌프 키텔이 편찬한 『비블리아 헤브라이카』 3판(1937)을 각각 저본(底本)으로 삼았다. 이렇게 번역된 『공동번역성서』에는 외경도 포함돼 있는 게 특징이다. 현재 한국 천주교회와 정교회, 대한성공회가 예배용으로 『공동번역성서』를 채택해 사용하고 있으며, 개신교 교단에서는 교육용으로만 활용하는 추세다.

시 휴전하다가 또다시 2차 독립전쟁(1621~1648)의 소용돌이에 휘말렸다. 무려 '80년 전쟁'이니, 그 피폐함이란 이루 말할 수 없었겠다.

이 전쟁은 종교전쟁이기도 했다. 마르틴 루터의 종교개혁 열풍이 북유럽을 강타하자, 네덜란드는 환호했다. 이름 자체가 '낮은 땅'일 정도로 전 국토의 25퍼센트가 해수면보다 낮아서 자연스럽게 무역에 의존할 수밖에 없었는데, 이런 지리적·경제적 조건이 프로테스탄트의 자유 정신에 딱 들어맞았다.^{그림2} 로마 가톨릭 진영에 속한 스페인으로서는 속국인 네덜란드에서 프로테스탄트가 퍼져나가는 게 위험신호로 보였다. 칼뱅주의자들이 가톨릭교회에 침입해 성상(聖像)을 파괴하는 운동을 벌이는 것도 눈엣가시였다.[34] '정통'을 주장하는 가톨릭과 '이단'으로 몰린 프로테스탄트의 갈등은 급기야 피비린내 나는 '80년 전쟁'으로 이어졌다.

렘브란트 집안은 레이든이라는 소도시의 레인 강변에서 풍차를 돌려 옥수수나 밀 따위를 빻는 제분업을 하고 있었다. 렘브란트 이름에 '레인'(Rijn)이 들어가는 건 그 때문이다. 예술과 관계없는 집안에서 태어났지만, 어려서부터 영특해 '부모 찬스'를 쓸 수 있었다. 네덜란드의 서울인 암스테르담으로 유학가, 이제 막 이탈리아 유학을 마치고 돌아온 피터 라스트만(Pieter Lastman, 1583~1633)에게 개인과외를 받았다.

하지만 이 도제 수업은 6개월 만에 끝이 난다. 이유는 간단하다. 그 이상 배울 게 없다고 판단했기 때문이다. 렘브란트는 앞으로 자기가 그릴 성서화가 스승의 그림과 확연히 다르다는 걸 깨달았다. 스승이 이탈리아에서 배워 온 카라바조의 명암대조 기법('키아로스쿠로')을 발전적으로 계승할 수는 있으나, 그들과 근본적으로 다른 점이 있는데, 그건 바로 성서를 읽는 눈이었다. 이 당돌한 천재가 고향으로 돌아와 독립화가의 길을 걷기로 선언하니, 그의 나이 열아홉 살(1625) 때 일이다.

렘브란트의 아버지는 원래 가톨릭 교인이었다가 개신교로 전향했다.^{그림3} 어머

---

34 이 성상 파괴 운동은 네덜란드 귀족을 두 편으로 갈라놓았는데, 스페인에 대한 충성을 고수하는 귀족들은 참수당하고, 칼뱅주의자들을 옹호하는 귀족들은 권력을 잡게 됐다. 네덜란드 공화국의 초대 통령이 되는 오라녜 공 빌럼 1세(Willem I van Oranje, 1533~1584)가 후자를 대표한다.

그림 3 <노인의 흉상>, 렘브란트, 1630   그림 4 <어머니 초상화>, 렘브란트, 1631

니는 평생 가톨릭 교인으로 살았지만, 집안의 공기는 대체로 개신교가 우세했다.^{그림4} 당시 네덜란드 개혁교회[35]는 예정론 논쟁에 휩싸여 있었다. 렘브란트가 열네 살 때 잠시 다녔던 레이든 대학에는 아르미니우스(Jacobus Arminius, 1560~1609) 교수가 있었는데, 그가 종교개혁자 장 칼뱅(Jean Calvin, 1509~1564)의 예정론에 의문을 제기하면서 신학 논쟁이 촉발됐다. 하나님께서 구원받을 사람을 미리 정해놓으셨다면 사람의 자유의지는 뭐가 되는가?

이 질문에 그는 '예지'(豫知)로 답했다. 하나님은 앞으로 일어날 모든 일을 미리 아시기 때문에, 하나님을 믿으려는 의지가 있는 이들을 구원하기로 정하셨다고 설명했다. 예정도 살리고 자유의지도 살리는 절충안이었던 셈이다. 그러나 같은 대학의 호마루스(Franciscus Gomarus, 1563~1641) 교수는 아르미니우스

---

[35] 네덜란드 개혁교회(Dutch Reformed Church)는 종교개혁 운동이 들불처럼 번져가던 16세기 중엽, 그 불길이 스위스에서 네덜란드까지 옮겨붙은 1561년에 채택된 '벨기에 신앙고백'을 바탕으로 벨기에와 네덜란드에서 형성된 교회를 가리킨다. 개혁교회라는 명칭은 루터교회와 구분 짓기 위해 붙여진 이름으로, 칼뱅주의 신학에 기초한 보수주의가 개혁교회의 특징이다.

의 생각이 하나님의 절대 주권을 훼손한다며 드세게 반박했다. 이로써 네덜란드 개혁교회 안에는 아르미니우스 사상을 따르는 파(일명 '항의파')와 호마루스 사상을 따르는 파(일명 '반 항의파')가 갈리게 됐다.

순진한 사람들은 두 입장 사이에 어느 쪽이 진리에 가까운지를 따지느라 골머리를 앓을 테다. 혹은 지리멸렬한 논쟁 끝에 결국 이긴 쪽의 입장이 진리라고 생각해 버리는 간편한 해결책을 모색할 테다. 하지만 교리논쟁이란 본래 순수하게 흘러가는 법이 없다. 또 하나의 변수, 곧 정치적 헤게모니가 개입되어 진흙탕 싸움이 되곤 한다.[36]

네덜란드는 1차 독립전쟁기에 스페인으로부터 독립을 선언하고 공화국을 수립한 상태였다(1581). 네덜란드 공화국의 초대 통령 빌럼 1세가 스페인 국왕(펠리페 2세)이 보낸 암살자에 의해 살해당한 뒤 그의 아들 마우리츠(Maurice van Oranje, 1567~1625)가 통령직을 세습해 독립전쟁을 이어가고 있었다. 이런 상황에서 행정장관 올덴바르네벨트(Johan van Oldenbarnevelt)가 아르미니우스파를 공개적으로 지지하고 나선 게 화근이었다. 용병 출신인 그는 군사문제에서 종종 마우리츠와 마찰을 빚으며 패권 다툼을 벌였다. 이참에 그를 제거하려고 마음먹은 마우리츠는 호마루스파를 의회에 대거 기용한다. 올덴바르네벨트는 결국 '합법적' 절차에 따라 사형을 받는다.[37]

이 사건이 네덜란드 시민사회에 미친 영향은 무엇이었을까? 가장 큰 변화는 사회 전체의 공기가 지나치게 무거워졌다는 점이다. 나와 다른 생각이나 가치, 이념이나 지향을 가진 사람들과 함께 어울려 살아야 하는 당위와 그러기 위해 갖추어야 할 관용의 미덕에 금이 갔다. 진리를 수호하고 교리를 옹호한다는 명분

---

[36] 한국교회사에서 찾아볼 수 있는 한 보기가 세계교회협의회(WCC)를 둘러싼 논쟁이다. 겉으로는 신학적 입장의 다름에서 비롯된 갈등으로 보였으나 사실은 정치적 패권을 장악하기 위한 다툼이었다. 이런 시각을 담은 탁월한 논문으로 다음을 볼 것. 박정신, "한국기독교와 세계교회협의회: 그 정치적 악연의 역사", 『한국교회사학회지』 28집(2011), 223-248.

[37] 올덴바르네벨트가 처형당한 것은 1619년 5월 13일이다. 그에 앞서 마우리츠는 이 신학 문제가 네덜란드 공화국의 단결에 걸림이 되면 안 된다는 생각에서 1618년 5월 교회의 최고회의인 총회를 개최하도록 지시한다. 도르트레흐트(Dortrecht)에서 열린 이 회의는 개혁교회 진영의 첫 국제회의 면모를 갖췄다. 네덜란드 안에서는 각 지방 교회 대표단과 신학교수들이 참석하고, 네덜란드 밖에서는 영국, 스위스, 독일 대표단이 참석했다.(프랑스에서는 가톨릭교회가 프랑스 칼뱅주의자(일명 '위그노')들을 이단으로 몰아 학살한 이력이 있어, 루이 8세가 위그노들의 참석을 불허했다.) 주요 의제는 예정론이었지만, 교회와 국가의 관계 등 다양한 사안들을 다루었다. 1619년 6월까지 180회의 논의 끝에 31명의 네덜란드 대표들과 38명의 해외 대표들이 합의에 이르니, 이때 나온 문건이 '도르트 신경'(The Canon of Dort)이다. 여기서 호마루스파에 의해 아르미니우스파가 정죄당했다.

아래 '개혁'이 진행되었지만, 이 개혁은 거의 '개악'에 가까웠다.

아르미니우스를 따르던 설교자들은 단박에 강단을 빼앗겼다. 앞으로는 절대로 신학 논쟁에 가담하지 않겠다고 서약하고 나서야 평범한 시민으로 살 수 있었다. 이를 거부하면 국외 추방을 감내해야 했다. 철저한 칼뱅주의자들은 교회가 시민사회의 도덕을 관장해야 한다며 목소리를 높였다. 음주 가무는 죄악이었다. 크리스마스 행사도 도마 위에 올랐다. 같은 개신교 진영에 있으면서도 칼뱅파 개신교도들은 루터파 교회를 향해 이단이라 외쳤다.

렘브란트가 <토비트와 안나>를 그리던 시기는 이렇게 복잡했다. 게다가 렘브란트 집안은 아르미니우스를 따르는 항의파에 속해 있었다. 그 와중에 렘브란트는 교파 갈등으로부터 거리를 두었다.[38] 항의파에 속하지도 않고, 정통 칼뱅주의를 맹종하지도 않았다. 어머니와 스승의 신앙을 존중해 가톨릭교도들과도 스스럼없이 어울렸다. 그의 가치관을 형성한 밑절미는 성서가 일관되게 증언하는 하나님의 사랑과 자비, 그리고 이웃, 특히 약자에 대한 돌봄이었다.

토비트와 안나

토비트서 첫 장은 이렇게 시작한다. "이 책은 토비트에 관한 이야기를 적은 것이다. 토비트는 납달리 지파의 아시엘 집안에 속한 사람으로서 그의 아버지는 토비엘, 할아버지는 하나니엘, 증조부는 아두엘, 고조부는 가바엘이었다. 가바엘의 아버지는 라파엘이었고 할아버지는 라구엘이었다. 토비트는 아시리아 왕 살마네셀 때에 티스베라는 곳에서 살다가 포로로 잡혀간 사람이었다. 티스베는 갈릴래아 지방 납달리 케데스 남쪽에 있는 곳으로서 아세르에서는 서쪽 언덕에, 포고르에서는 북쪽에 위치한 곳이었다."(토비트 1:1-2, 공동번역 개정판)

주전 3세기경에 기록되었을 것으로 추정되는 이 책에는 고대 이스라엘(남북

---

38 덴마크 헬싱키 출신의 화가로, 1642년에서 1644년까지 암스테르담에 유학 와 렘브란트에게 배운 카일(Bernhard Keil, 1624~1687)의 증언에 따르면, 렘브란트가 공개적으로 메노나이트(Mennonite)임을 밝혔다고 하는데, 확실하지는 않다. 어쩌면 렘브란트가 메노나이트 설교자들의 초상화를 그려주었기 때문에, 그렇게 넘겨짚었을지도 모른다. 당시 메노나이트는 네덜란드 개혁교회로부터 이단으로 정죄 받아 고문당하고 처형되었다. 한편, 메노나이트란 원래 가톨릭 신부였다가 개신교로 전향한 메노 시몬스(Menno Simons, 1496~1561)를 따르는 사람들이라는 뜻으로, 그는 유아세례를 인정하지 않고 성인 크리스천들이 진지한 신앙고백과 더불어 받는 '신자의 세례'를 지지했다.

왕조 시대의 북이스라엘)과 아시리아제국을 아우르는 역사적 사건들과 인물들, 지명들이 많이 등장한다. 그래서 '역사서'를 읽는 기분이다. 하지만 엄밀히 말하면 역사서라기보다는 역사적 재료를 버무린 소설이다.[39] 그리스어 발음 '토비트'는 라틴어 성경에서는 '토비야'로 등장하는데(토비트의 아들 이름도 '토비야'다), 토비야는 '나의 야훼는 선하시다'는 뜻이다.[40] 토비트는 북이스라엘이 아시리아(혹은 앗수르) 제국에 의해 멸망 당할 때 아시리아 왕 살마네셀(혹은 살만에셀)에게 붙잡혀 니느웨로 끌려가 귀양살이를 했다.

이방 땅에서 토비트는 신앙을 지키려 애썼다. 함께 끌려온 동포들은 이방인의 음식을 먹었지만, 자신은 입에 대지 않았다. 이렇게 마음을 다해 하나님을 섬겼더니, 하나님이 살마네셀 왕의 총애와 귀염을 받게 해주셔서, 왕에게 필요한 물건을 사들이는 벼슬을 맡게 됐다.(토비트 1:13 참고) 토비트는 자신의 관직을 이용해 동포들에게 자선을 많이 베풀었다. "배고픈 사람들에게는 먹을 것을 주었고 헐벗은 사람들에게는 입을 것을 주었으며 내 동족 가운데 어떤 사람이 죽어서 니느웨 성 밖에 버려져 있는 것을 보게 되면 그것을 묻어주었다."(토비트 1:17)

마지막 문장에 관해서는 설명이 필요하다. 살마네셀이 죽고 그의 아들 산헤립이 왕위를 물려받은 뒤에 유다 왕국을 침공한 일이 있었다. 그때 하나님을 모독하여 벌을 받았고, 아시리아로 돌아와서는 애꿎게 이스라엘 사람들을 닥치는 대로 학살했다. 그래서 토비트가 동족의 시신을 몰래 훔쳐다 묻어주었는데, 어느 니느웨 시민이 이 일을 제보하는 바람에 도망자 신세가 되고 말았다. 그동안 모은 재산도 모조리 몰수당해 빈털터리가 됐다. 그 후 40일이 못 되어 왕의 두 아들이 왕을 죽이고 도망치는 사건이 일어났다. 왕위는 산헤립의 아들 가운데 에살하돈(에살핫돈)에게 돌아갔다. 마침 토비트의 조카 아히칼이 나라의 모든 행정

---

[39] 성서에 역사서와 역사소설이 섞여 있다는 것, 이들 문서가 편집된 과정과 성서에 배치된 순서 등에 대해 쉽게 접근하려면, 나의 책, 『구약 성서: 마르지 않는 삶의 지혜』, 36-40, 166-174를 볼 것.
[40] 성화 가운데 눈먼 토비트와 그의 눈을 치료하기 위해 여행을 떠나는 토비야를 그린 그림들이 많다. 그림 5, 6, 7, 8 참고.

을 책임지는 관직에 등용됐다.[41] 아히칼은 산헤립 왕 때도 수라상을 주관하고 옥새를 보관하는 등 행정 재무를 맡았는데, 에살하똔이 그를 다시 기용한 것이다. 아히칼은 왕에게 숙부의 사면을 간청했다. 이에 왕이 허락하니, 마침내 토비트가 니느웨로 돌아와 가족과 함께 살게 됐다.

얼마 지나지 않아 칠칠절[42] 잔치가 열렸다. 토비트는 자선을 베풀기 좋아하는 성품답게 아들에게 일렀다. "얘야, 니느웨에 잡혀 온 우리 동포 중에 진심으로 하느님을 공경하는 가난한 사람이 있을 터이니 가서 찾아 내어 이리로 데려 오너라. 그러면 내가 그와 함께 이 음식을 나누도록 하겠다."(토비트 2:2) 그런데 장터에 나간 아들이 헐레벌떡 뛰어 들어오며 하는 말이, 동포 중에 한 사람이 또 살해당했는데 시신이 아직 장터에 그대로 방치돼 있다는 거다. 이번에도 그는 정성껏 시신을 수습했다. 그런 그를 이웃 사람들은 따가운 눈초리로 쏘아봤다. "이 사람은 지난번에도 이런 일 때문에 사형감으로 수배되어 도망을 갔었는데, 이제 또다시 죽은 사람을 묻어주다니, 겁이고 뭐고 다 없어진 모양이지?"(토비트 2:8)

그날 밤 토비트가 몸을 씻고 뜰에서 자는데 너무 더워 이불을 덮지 않았다. 얼굴도 그대로 노출돼 있었다. 그때 하필이면 뜨거운 참새 똥이 그의 눈 위로 떨어져서 양쪽 눈에 흰 막이 생기게 됐다. 의사를 찾아가도 소용없었다. 점점 나빠지더니 급기야 눈이 멀고 말았다. 엎친 데 덮친 격으로 그를 돌봐주던 아히칼마저 다른 지역으로 전근을 떠났다. 할 수 없이 아내가 삯바느질로 생계를 이을 수밖에 없었다. 그녀 이름이 안나다.

그렇게 산 지 어언 4년, 하루는 품삯을 받으러 외출했던 아내가 집에 돌아왔는데 새끼 염소 우는 소리가 나는 거다. 토비트는 다짜고짜 아내를 몰아세웠다. "이 새끼 염소는 어디서 난 거요? 혹 훔친 것은 아니오? 어서 그놈을 주인에게 돌려주시오. 우리에게는 남의 것을 훔쳐 먹을 권리가 조금도 없소."(토비트

---

41 토비트서 1:21은 아히칼이 토비트의 동생 아나엘의 아들로 나온다. 여기 등장하는 아히칼은 고대 서남아시아 세계에서 '현자'로 유명했다. 주전 6세기에 살았던, '이솝 우화'로 유명한 그리스의 아이소포스(Aesopos)가 아히칼의 지혜문학에서 영감을 받았다고 하니, 그리스 문화권에도 널리 알려져 있었음이 분명하다. 토비트서 저자는 자신의 이야기에 아히칼을 등장시킴으로써, 이 책이 지혜문학의 일종임을 드러낸다. 요컨대 토비트서에 나오는 아히칼은 실제 역사적 사실에 근거를 둔다기보다는 문학적 창작이라고 보아야 한다.
42 칠칠절은 무교절·초막절과 함께 이스라엘 3대 절기를 이룬다.(신명기 16:16) 밀과 보리의 첫 곡식을 수확해 하나님께 바치는 절기로, 맥추절이라고도 하고 오순절이라고도 한다.

그림 5 <토비야와 천사>
베로치오, 1470-75

그림 6 <아버지를 치료하는 토비야>
스트로치, 1635

2:13)

    반듯하기 그지없다. 자신이 처한 상황이 나빠지면 인격도 비루해지고 신앙도 약해지기 일쑤인데 토비트는 다르다. 험난한 인생살이에 아랑곳없이 믿음이 굳건하다. 렘브란트의 그림을 보라.^{그림1} 얼굴 가득 패인 주름이 토비트의 신산한 삶을 증언하지 않는가? 눈먼 토비트가 두 손을 모으고 하늘을 우러러 기도하는 모습은 또 얼마나 경건한가? 옷은 비록 해지고, 신발도 낡아서 앞코가 닳아 엎어졌지만, 아무리 살림이 빈궁해도 '도둑질하지 말라'는 십계명의 여덟 번째 계명을 지키려는 의지가 너무나도 가상하다.

    한데 눈을 안나 쪽으로 옮기면 분위기가 심상치 않다. 허리춤에 새끼 염소를 끌어안은 채 남편 쪽으로 상체를 기울인 자세가 흡사 대드는 것 같다. 토비트의 시선은 하늘을 향해 있는데, 안나의 시선은 토비트를 향하고 있는 엇갈린 구도는 이 부부의 애정전선에 이상이 있음을 암시한다. 이만큼 사는 동안 산전수전 공중

그림 7 <아버지의 눈을 뜨게 한 토비아>, 렘브란트, 1636

그림 8 <눈 먼 토비트>, 렘브란트, 1651

전을 다 겪은 부부가 왜 서로를 쳐다보지 않을까? 눈이 멀어 아무것도 보지 못하는 토비트와 그런 토비트를 동그란 눈으로 바라보는 안나의 모습이 대비된다. 이런 표정은 흔히 놀라거나 당황하거나 화가 날 때 나타나는 경우가 많다.

그렇다. 지금 안나는 억울하다. 공들여 짠 베를 주인에게 갖다 주었더니, 주인이 정한 품삯 외에 새끼 염소 한 마리까지 얹어주었다. 그녀의 솜씨가 워낙 마음에 들어서인지, 아니면 눈먼 남편을 공양하느라 허드렛일을 하는 게 안쓰러워서인지는 알 수 없다. 다만 후덕한 주인을 만나 이렇게 좋은 선물을 얻어왔으니, 모처럼 남편 몸보신이나 실컷 해주어야겠다, 남편이 얼마나 좋아할까, 얼마나 나를 예뻐라 할까, 기대하며 집에 돌아왔는데 그만 사달이 나고 말았다. 남편은 자기 말에는 귀를 닫은 채 하늘에 대고 기도만 한다. 안나의 속이 뒤집히는 건 당연지사. 그동안 내가 어떻게 살았는데 이런 푸대접이냐고, 눈이 멀더니 마음도 멀어졌냐고, 왜 내 말을 믿지 못하냐고 하소연한다.

이쯤 되면 남편 쪽에서 사과해야 옳다. 하늘로 향하던 눈길을 거두어 아내를 바라보아야 한다. 그래야 아내의 마음이 보인다. 한데 토비트의 눈길은 여전히 하늘만 바라본다. 회개하기는커녕 자기를 몰아세우는 아내가 야속해 흐느끼며 기도한다. "우리는 주님의 계명을 지키지 않았고 주님 앞에서 참되게 살지 못했습니다. 이러한 죄인들에게 내리시는 주님의 갖가지 심판은 모두 참되십니다. 이제 주님이 원하시는 대로 나를 처치하시고 명령을 내리시어 내 영혼을 나에게서 떠나게 하소서. 그러면 나는 이 땅에서 떠나 흙으로 돌아갈 것입니다. 나에게는 당치 않은 조롱이 들려오고 많은 슬픔이 나를 짓누르고 있으니 사는 것보다 죽는 것이 오히려 낫습니다. 주님, 이 고뇌에서 나를 벗어나게 해주시고 영원한 곳으로 나를 보내주소서. 주님, 나를 외면하지 마소서. 살아서 이 많은 고뇌를 겪는 것보다는 차라리 죽어서 이 조롱을 듣지 않는 편이 낫겠습니다."(토비트서 3:5-6)

렘브란트는 이 장면을 포착해 화폭에 담았다. 스무 살의 천재 화가는 도대체 무슨 말을 하고 싶었을까? 눈먼 토비트를 통해 경건한 믿음이 때로는 맹목(盲目)이 될 수 있음을, 그리고 맹목은 광신으로 가는 지름길임을 말하려는 것일까? 맹목에서 깨어나려면 어떻게 해야 하나? 사랑이 답이다. 믿음에서 사랑이 빠지면 그 믿음은 경건을 가장한 위선과 폭력으로 금방 추락한다. "지금까지 하나님을 본 사람은 없습니다. 그러나 우리가 서로 사랑하면, 하나님이 우리 가운데 계시고, 또 하나님의 사랑이 우리 가운데서 완성된 것입니다."(요한1서 4:12)

> 내가 사람의 모든 말과 천사의 말을 할 수 있을지라도,
> 내게 사랑이 없으면, 울리는 징이나 요란한 꽹과리가 될 뿐입니다.
> 내가 예언하는 능력을 가지고 있을지라도, 또 모든 비밀과 모든 지식을
> 가지고 있을지라도, 또 산을 옮길 만한 모든 믿음을 가지고 있을지라도,
> 사랑이 없으면, 아무것도 아닙니다. …
> 그러므로 믿음, 소망, 사랑, 이 세 가지는 항상 있을 것인데,
> 그 가운데서 으뜸은 사랑입니다.
> (고린도전서 13:1-2, 13)

7. 아름다움

시선의 폭력과 욕망의 틈바구니에서

7. 아름다움
- 시선의 폭력과 욕망의 틈바구니에서

간음하지 말라

꽃은 사람에게 꺾이기 위해 피는 것이 아니다. 때가 되니 피어나서, 보는 이를 즐겁게 할 뿐이다. 여인의 아름다움도 그렇다. 하나님이 아름답게 만드셨으니, 보는 이는 그저 하나님의 솜씨에 탄복하면 족할 일이다. 아름다운 여인을 보고도 아무런 감동이, 감정의 동요가 없다면 이 역시 정상은 아니다.

마태복음에는 산상수훈 끝자락에 예수의 여섯 가지 '반제'가 등장한다. 반제란 반대되는 명제라는 뜻이다. 그런 만큼 예수의 모든 말씀이 '너희는 A라고 들었다, 그러나 나는 너희에게 B라고 말한다'는 형식으로 이루어져 있다. 그 가운데 두 번째 반제는 간음에 대한 것이다. "또 간음하지 말라 하였다는 것을 너희가 들었으나 나는 너희에게 이르노니 음욕을 품고 여자를 보는 자마다 마음에 이미 간음하였느니라."(마태복음 5:27-28, 개역개정)

여기 나오는 '너희', 곧 예수의 청중들은 유대 남성을 가리킨다. 예수는 '간음하지 말라'는 십계명의 일곱 번째 계명을 새롭게 해석해 전달한다. 물론 이 계명 역시 기본적으로 남녀 모두에게 주어진 계명이 아니라 유대 남성을 대상으로 한 것이다. 이 말은, 성서 시대의 여성은 성적 자율권을 지닌 도덕 주체로 인정받지 못했다는 의미다. 십계명의 열 번째 계명에서 '아내'가 집안의 재산 목록들, 곧 '남종', '여종', '소', '나귀'와 나란히 언급되는 것만 보아도 충분히 알 수 있다. 아내든 딸이든 어머니든 모든 여성은 단지 남성의 소유물에 불과했다.

따라서 '간음'이라는 용어에 대해서는 재고가 필요하다. 현대적 의미의 간음(adultery)은 합법적인 혼인 관계를 벗어난 성행위를 이른다. 주로 쌍방의 자유로운 합의를 전제한다는 점에서 화간(和奸) 또는 간통(姦通)이라고도 불린다. 성서 시대의 여성이 이런 '자유'를 누렸을 리 만무하다. 십계명의 제7계명이 금한 간음도 폭력적으로 빼앗는 행위와 연관되기에, 정확히 말하면 강간(rape), 곧 성폭력 방지법이라고 해야 맞다. 권력 관계에서 약자에 자리한 사람(이 맥락에서는 여성)의 성을 착취하지 말라는 거다.

그림 1 <아스파시아 집에서 알키비아데스를 찾는 소크라테스>, 제롬, 1861

　고대 노예제 사회에서 이러한 관점은 반(反)문명 선언이다. 서양철학에서 신줏단지 떠받들 듯 모시는 소크라테스(Socrates, BC470?~399)만 해도, 노예제를 용인했을 뿐만 아니라 여성에 대한 차별적 시선을 당연시했다.^{그림1} 사랑은 동급의 존재와 나누는 것이기에 남성보다 열등한 여성은 사랑의 대상이 될 수 없고, 오직 출산의 도구로만 이용될 수 있었다. 소크라테스가 연하남 알키비아데스와 '(정신적) 사랑'을 나누는 동안 그의 아내(크산티페)는 세 차례의 '(육체적) 출산'을 감당해야 했다. 이 편리한 이분법이 크산티페에게 '희대의 악처' 또는 '최초의 여성 철학자'라는 이중의 타이틀을 안겨준 것도 역사의 아이러니다.

이런 상황을 고려할 때, 십계명이 얼마나 혁명적인지 새삼 알 만하다. 한데 예수는 그 십계명조차 갈아엎는다. 처음 등장할 당시만 해도 충격적이리만치 도전적이었던 가르침이 수백 년을 지나는 사이에 닳고 낡아서 화석처럼 굳어졌기 때문이다. 그래서 예수는 간음(강간)에 대해 다시 정의를 내린다. 간음(강간)은 일차적으로 '행위'가 아닌 '욕망'의 문제라고 선을 긋는다.

이 대목에서 새번역 성경을 펼쳐보자. 개역개정본과 대조해 어느 부분을 다르게 옮겼는지 살펴보자. "'간음하지 말아라' 하고 말한 것을, 너희는 들었다. 그러나 나는 너희에게 말한다. 여자를 보고 음욕을 품는 사람은 이미 마음으로 그 여자를 범하였다."(마태복음 5:27-28) 개역개정본이 '음욕을 품고 여자를 보는 자'라고 옮긴 것을 새번역본은 '여자를 보고 음욕을 품는 사람'이라고 옮겼다. 어느 쪽이 맞는 걸까?

새번역본대로라면 남자들이 좀 억울하겠다. 건강한 남성이 아름다운 여성을 보고도 성적인 욕구가 전혀 안 일어나는 게 도리어 문제 아니냐고 항변하고 싶을지 모른다. 노하지 마시라. 다행히 헬라어 저본(底本)의 순서는 개역개정본과 같다. 예수가 꼬집은 건 '음욕을 품고 여자를 보는' 시선이다. 이때의 음욕은 단순한 색욕(色慾)과 구분된다. 음탕한 욕심, 타락한 정욕, 곧 여성을 소유 또는 지배하려는 욕망 일체다.

관음증에 포획된 수산나

이탈리아 베네치아 화파의 거장 틴토레토(Tintoretto, 1518~1594)[43]가 <수산나의 목욕>(1555)을 그렸다. ^{그림2} 수산나는 외경 다니엘서에 등장하는 여인이다. 외경 다니엘서에는 정경 다니엘서에 포함되지 않은 이야기들이 실려 있는데, 아자리야의 노래(3장), 수산나 이야기(13장), 벨과 용 이야기(14장)가 그것이다. 이 가운데 수산나 이야기는 인류 최초의 탐정소설로 유명하다. 바빌론 포로기 때 바빌론에 살던 요아킴의 아내 수산나가 주인공이다.

---

43 틴토레토는 베네치아에서 '천을 염색하는 장인'(tintore)의 아들로 태어났다. 본명은 야코포 로부스티(Jacopo Robusti)이지만, 별명인 '꼬마 염색공'(Tintoreto)을 자기 이름처럼 사용했다.

그림 2 <수산나의 목욕>, 틴토레토, 1555

그림 3 <수산나와 장로들>, 틴토레토, 1560

아름다움 101

그녀는 신앙 좋은 양친 밑에서 모세의 율법에 따라 양육되어 큰 부자요 명망가인 요아킴과 결혼했다. 성서에 등장하는 여인들이 대부분 그렇듯이, 수산나도 용모가 무척 아름다웠다. 한데 이 아름다움이 그녀를 위험에 빠뜨리는 매개였다. 요아킴의 집에는 백성의 지도자로 자처하는 장로들과 재판관들이 자주 드나들었는데, 그들 중 두 장로가 수산나에게 흑심을 품었다. "사람들이 모두 다녀간 다음 오정 때가 되면, 수산나는 자기 남편의 정원을 거닐곤 하였다. 정원에서 산책하는 수산나를 매일 눈여겨본 그 두 노인은 수산나에게 음욕을 품기 시작하였다. 그들은 하늘 무서운 것도 모르고, 정당한 판단을 할 수 없을 만큼 이성을 잃어버리게 되었다."(다니엘서/외경 13:7-9)

이후의 전개는 짐작대로다. 어느 무더운 날, 손님들이 모두 돌아간 다음에 수산나가 정원에서 목욕하려고 준비하던 중, 일이 터지고 말았다. 그 두 장로가 숨어서 수산나를 엿보고 있었던 거다. 틴토레토는 바로 이 순간을 포착했다. 왼쪽의 나무로 된 벽 뒤에서 두 장로가 몰래 지켜보는데, 수산나는 전혀 눈치채지 못한 채 거울만 들여다본다. 상황의 폭력성보다는 여성의 어리석음이 더 강조된 느낌이다.

틴토레토는 같은 장면을 또 그렸다. 1560-62년에 그린 <목욕하는 수산나>에서는 수산나를 왼쪽에 배치하고, 두 장로를 오른쪽에 두었다.^{그림3} 여종 두 명이 수산나의 머리와 발톱을 단장하는 내용도 첨가했다. 정면을 바라보는 수산나의 볼이 발그레하다. 훔쳐보는 두 장로만 없다면, 이 누드는 관능미의 절정이다.

벨기에 화가 루벤스도 <수산나의 목욕>(1609-10)^{그림4}을 그렸다. 바로크 화가답게 화면을 압도하는 웅장미가 빼어나다. 오른쪽의 두 노인은 이미 선을 넘었다. 단순히 훔쳐보는 것이 아니라 음욕에 눈이 멀어 겁탈할 준비가 돼 있다. 근육질의 몸에서는 힘이 넘쳐난다. 한편, 두 노인을 바라보는 수산나의 표정에는 두려움이 역력하다. 간신히 천으로 국부를 가리고 있지만, 두 노인의 완력 앞에서 속수무책이다.

이탈리아 볼로냐 화파를 대표하는 게르치노(Guercino, 1591~1666)[44]가 그린 <수산나와 장로들>(1617)에서는 두 장로의 태도가 훨씬 적극적이다.^{그림5} 수산나는

---

44 본명은 지오반니 바르비에리(Giovanni Francesco Barbieri)인데, '사팔뜨기'(Guercino)라는 뜻의 별명을 자기 이름처럼 사용했다. 어릴 적 사고로 생긴 상처 때문에 붙여진 별명이라고 한다.

그림 4 <수산나의 목욕>, 루벤스, 1609-10
그림 5 <수산나와 장로들>, 게르치노, 1617
그림 6 <수산나와 장로들>, 렘브란트, 1647

두 장로로부터(그리고 관람자로부터) 등을 돌린 채 한 손으로 다리를 씻고 있어서, 그녀의 표정을 알 수 없다. 반면, 왼쪽에 있는 두 장로 중 서 있는 장로는 아예 관객과 눈을 맞춘다. 오른손 검지를 세워 입에 가져다 대면서 '쉿'하고 말하는 것 같다. 바로크미술의 특징은 그림이 화면을 뚫고 튀어나오려 한다는 점이다. 다른 말로 하면, 관람자를 그림 안으로 끌어들인다. 그렇다면 이 그림을 보는 우리는 장로의 유혹에 뭐라고 답할 것인가? 몰래카메라를 찍듯이 여인의 벗은 몸을 훔쳐보는 일에 동조할 것인가?

같은 바로크 화가인 렘브란트 역시 이 주제를 피해 가지 않았다. <수산나와 장로들>(1647)^{그림6}에서 한 노인은 수산나가 몸에 두른 천을 벗기려 하고, 또 한 노인은 다급하게 목욕터로 들어온다. 한데 렘브란트의 수산나는 우리 쪽을 바라본다. 슬픈 눈빛으로 도움을 청하는 것 같다. 자신의 무고함을 알아줄 사람은 우리밖에 없다면서. 이 시선 때문에, 관람자는 그 사건과 무관한 사람이 아니라 현장의 목격자가 되어 판결에 동참하도록 요구받는다.

수산나 이야기의 결말은 어찌 되나? 두 장로는 수산나를 꾀어 말한다. "자, 정원 문은 닫혔고 우리를 보는 사람은 아무도 없소. 우리는 부인을 사모하오. 그러니 거절하지 말고 같이 잡시다. 만일 거절하면 부인이 젊은 청년과 정을 통하려고 하녀들을 내보냈다고 증언하겠소."(다니엘서/외경 13:20-21) 때마침 하녀들은 몸에 바를 기름과 향유를 가지러 집 안으로 들어가고 없었다. 수산나는 완전히 궁지에 몰렸다. 그렇다고 저들의 요구에 동조할 수는 없다. 해서 소리를 질러 도움을 청했다. 그러자 두 장로도 더 크게 고함을 질렀다.

재판이 벌어진 자리에서 두 장로는 '거짓 증언'으로 수산나를 몰아세웠다. "우리가 단둘이서 정원을 거닐고 있을 때, 이 여자가 하녀 두 사람을 데리고 정원으로 왔소. 그는 정원 문을 닫아걸고 하녀들을 내보내었소. 그때 숨어 있던 한 젊은 청년이 그에게로 달려가 남녀가 정을 통했소. 그때 우리는 정원 구석에 있었는데 거기서 범행이 벌어지는 광경을 보고 그들에게로 달려갔지요. 우리는 두 남녀의 정사를 틀림없이 보았지만 그 젊은이는 놓치고 말았소. 그자는 우리보다도 힘이 센 놈이어서 문을 열어 제치고 도망쳐 버렸던 것이오."(다니엘서/외경 13:36-39)

두 사람의 증언이 일치하면 꼼짝없이 그들의 말이 진실이 될 판이다. 수산나는

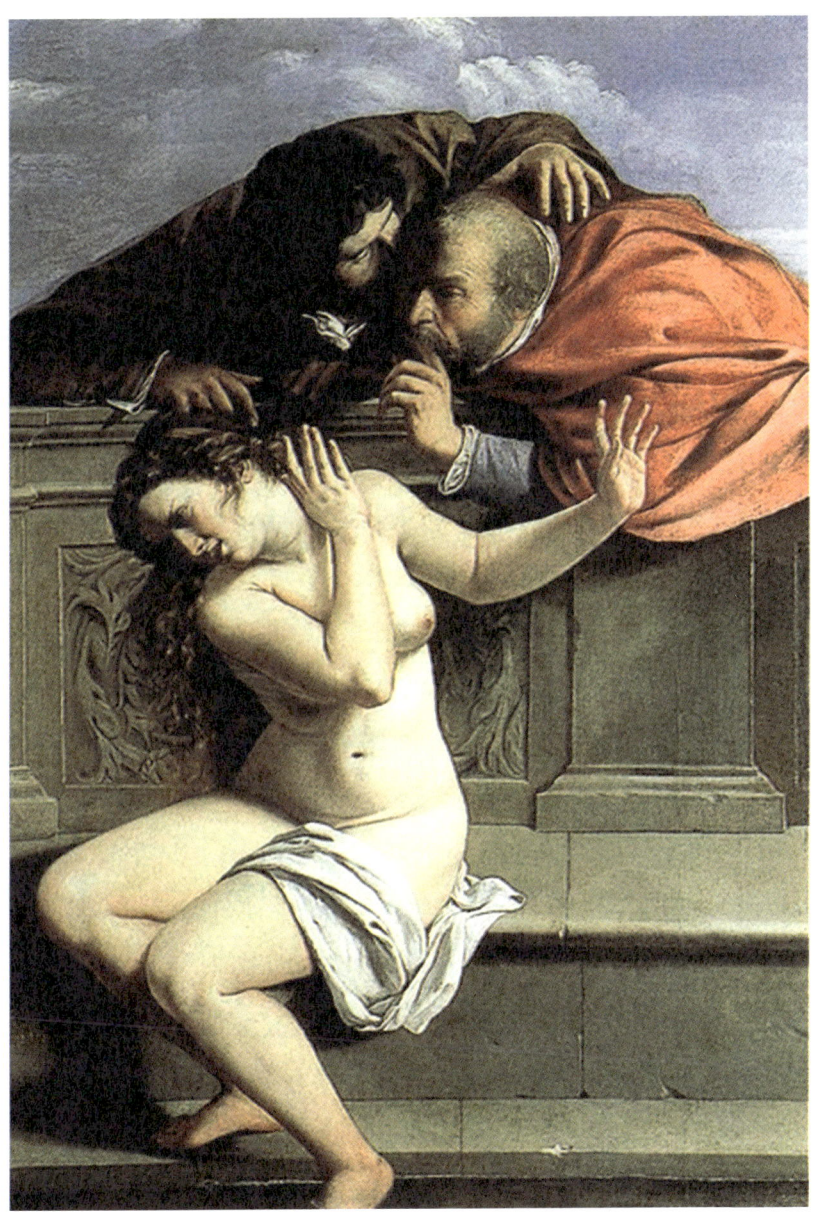

그림 7 <수산나와 장로들>, 젠틸레스키, 1610

돌로 쳐죽임을 당할 것이다. 바로 이 절체절명의 순간에 소년 탐정 다니엘이 등장한다. 코난 도일(Sir Arthur Conan Doyle)의 추리소설에 나오는 명탐정 셜록 홈즈(Sherlock Holmes)만큼 뛰어난 추리력으로 두 장로를 제압한 덕에 수산나는 누명을 벗는다.

여성 화가는 이 장면을 어떻게 그렸을까? 이탈리아 초기 바로크 시대의 여성 화가 아르테미시아 젠틸레스키(Artemisia Gentileschi, 1593~1653)는 독보적이다. 남성이 주류인 화단에서 홍일점으로 분투했다. 그녀가 그린 <수산나와 장로들>(1610) 그림7은 두 장로의 공모범죄를 폭로하는 동시에, 수산나의 강력한 거부 의지가 그림 전체를 압도한다. 오른쪽 장로가 손을 입에 대고 '쉿' 하는 동작을 취한 건 게르치노와 비슷하지만, 이 손짓은 관객을 향한 게 아니라 수산나를 향한다. 피해자더러 입을 다물라고 수신호를 보내는 거다. 수산나의 얼굴에는 혐오와 분노의 감정이 역력하다.

열일곱 나이에 이 정도 실력이면 그녀의 인생은 탄탄대로가 아니었을까? 게다가 아버지인 오라치오 젠틸레스키(Orazio Lomi Gentileschi, 1563~1639)가 궁정화가까지 지냈으니 아버지의 후광을 입고 승승장구하지 않았을까? 한데 그녀의 인생은 영 엉뚱한 방향으로 흘렀다. 열여덟 살 꽃다운 나이에 아버지의 화실에서 아버지의 후배이자 자신의 그림 선생이기도 한 아고스티노 타시(Agostino Tassi, 1578-1644)에게 성폭행을 당했기 때문이다.

범인은 법정에서 오히려 큰소리를 쳤다. 아르테미시아와 잔 건 맞는데, 저 어린 계집이 꼬리를 쳐서 그랬노라고, 자 보니까 처녀가 아니던데 이거야말로 평소 행실이 방종했다는 증거라고. 아르테미시아의 결백을 입증할 증인은 어디에도 없었다. 거짓말 탐지기가 있을 턱이 없던 시절, 아르테미시아는 손가락 차꼬를 차고서 말할 때마다 손가락이 조이는 고문을 당하며 증언대에 서야 했다. 증거를 찾는다는 구실로 사람들이 보는 앞에서 산파에게 국부를 내보이는 치욕까지 당했다. 명탐정 다니엘은 성서 안에만 존재할 뿐, 아르테미시아를 법정에 세운 로마에서는 절대 만날 수 없는 캐릭터였다.

밧세바를 바라보는 불온한 시선*

여자의 벌거벗음이, 또 이를 우연히 보게 된 남자의 시선이 초래한 폭력의 사례로 밧세바 이야기를 빼놓을 수 없다. 밧세바는 다윗의 후궁으로, 솔로몬을 낳은 어머니다. 그러나 그녀의 인생이 이렇게 풀리게 된 경위에는 석연치 않은 구석이 많다.

사건이 발생한 때는 바야흐로 전시(戰時)였다. 이전까지 군인으로, 전쟁 영웅으로 이름을 날리던 다윗은 이제 전제군주로서 확실한 위상을 갖추게 된 터라 전쟁 지휘를 요압 장군에게 맡긴 채 자신은 예루살렘 왕궁에 머물러 있었다. 그러던 어느 날 저녁, 잠깐 눈을 붙였다가 일어나 왕궁 옥상을 거닐던 그의 눈에 한 여자의 목욕 장면이 포착된다. "그 여인은 아주 아름다웠다."(사무엘기하 11:2b)

이 구절이 나오면 가슴이 쿵쾅거린다. 여인의 아름다움이 폭력과 연결되는 경우가 성서에 종종 등장하기 때문이다. 이어지는 다윗 왕의 행동을 보라. 그는 신하를 보내 그 여인이 누구인지 알아보게 하였다. 다녀온 신하가 그녀의 정체를 "엘리암의 딸로서, 헷 사람 우리야의 아내 밧세바"(사무엘기하 11:3b)라고 보고한다. "그런데도" 다윗은 사람을 보내 그 여인을 데려와 "정을 통하였다."(사무엘기하 11:4)

'그런데도'라는 단어는 '그러면 안 되는데도'를 전제한다. 단순히 밧세바가 유부녀여서가 아니다. 그녀는 유부녀 중에서도 지금 다윗을 위해 전쟁터에서 목숨을 내놓고 싸우는 용감한 군인 우리야의 아내인 데다가, 다윗이 왕이 되기까지 동고동락한 최정예부대 30인 중 하나인 엘리암(혹은 암미엘)의 딸이어서 더 그렇다. 사무엘기 저자는 계속해서 우리야가 '헷(히타이트) 사람'인 사실을 강조한다. 말하자면 이민족 출신이 이스라엘에 귀화하여 그 정도 충성심을 발휘하는 보기가 드문 거다. 그러기에 다윗은 '선민'(選民) 이스라엘의 수장으로서 적어도 이방인보다 나은 신앙심을 보여야 함은 물론, 자신의 부하들에 대해 신의를 지켰어야 옳다.

---

* 이 부분은 내가 쓴 논문, "기독교 여성의 몸, 폭력과 구원 사이: 렘브란트의 <밧세바>를 중심으로", 『생명연구』 31집(2014년 봄)에 기대고 있다.

그림 8 <목욕하는 밧세바>, 부르디숑, 1498-99

그림 9 <다윗 왕과 밧세바>, 얀 마시스, 1562

그림 10 <분수대의 밧세바>, 루벤스, 1635

그림 11 <밧세바>, 렘브란트, 1643

그런데도(!) 그러지 않았다. 한술 더 떠서 유대인 역사가 요세푸스(Flavius Josephus, 37?-100?)는 '그럴 수 없었다'고 기술한다. 그러기에는 그녀가 너무 아름다웠기 때문이란다. "다윗은 의로운 사람이었고 매우 경건한 사람이었으며 우리 선조들의 율법을 잘 지킨 인물이었음에도 불구하고 매우 무서운 죄를 범하게 되었다. 다윗에게는 저녁 늦게 쯤에 왕궁 지붕에 올라가 주위를 한번 살펴보는 그런 습관이 있었다. 그런데 하루는 지붕을 거닐다가 한 여인이 자기 집에서 목욕하는 광경을 보게 되었다. 그 여인은 빼어난 미모를 간직한 밧세바라는 여자였다. 그녀의 미모에 반한 다윗은 욕정을 이기지 못하고 그녀를 불러다가 동침했다."(요세푸스, "유대고대사", 『요세푸스』, 김기찬 옮김, 생명의말씀사, 1987: 445-446)

성폭력의 피해자인 여성을 도리어 '원인 제공자'로 비난하는 전략은 요세푸스만의 전유물이 아니다. 목회자들이 설교용 참고서로 널리 애용하는 『국제성서주석』에서는 해당 부분이 이렇게 설명돼 있다. "여자는 목욕을 하고 기름을 바르는 것을 통해 남자를 유혹한다. 이 예루살렘 여인도 그렇게 다윗에게 영향을 주었는데 과연 이것이 우연일까?"(F. 스톨쯔, 『사무엘상·하: 국제성서주석 8』, 박영옥 옮김, 한국신학연구소, 1991: 397)

요세푸스는 숫제 다윗을 두둔하기로 작정하기라도 한 듯이, 다윗이 우리야를 간접 살해한 것은 밧세바의 충동질 때문이라고 묘사한다. "이에 밧세바는 아이를 잉태하게 되었다. 밧세바는 다윗에게 어떻게 해서든지 자기의 범죄한 사실을 은폐할 수 있는 방도를 모색해 보라고 추궁했다."(요세푸스, 윗글: 446) 밧세바의 임신은 당연히 다윗이 저지른 죄의 결과임에도, '그녀 자신의 죄'로 호명된다. 이 여인은 다윗이 율법을 어기도록 유혹한 것도 모자라, 다윗에게 자신의 죄를 덮어줄 방도를 고안하도록, 즉 자기 남편을 살해하도록 교사했다는 식이다.

몸에 대한 금기가 깨진 르네상스 이후부터 밧세바의 누드는 화가들의 단골 메뉴였다. 프랑스 화가 쟝 부르디숑(Jean Bourdichon, 1457~1521)의 <목욕하는 밧세바>(1498-9),^{그림8} 플랑드르(벨기에) 화가 얀 마시스(Jan Massijs, 1510~1575)의 <다윗 왕과 밧세바>(1562),^{그림9} 같은 플랑드르 화가 루벤스의 <분수대의 밧세바>(1635),^{그림10}가 대표적이다. 이들 작품은 요세푸스의 시각을 충실히 따른다. 밧세바가 다윗을 유혹하는 천하의 요부(팜 파탈, femme fatale)로 등장하고, 다윗은 그런 여자에게 잘못 걸려 인생이 꼬인 '의인'으로 재현된다.

렘브란트의 눈은 어떤가? 1643년에 그린 <밧세바>를 보자.^{그림11} 다윗의 부름을 받고 왕궁으로 들어가기 위해 몸을 치장하는 장면이다. 렘브란트는 밧세바의 심상을 표현하는 매개물로, 그림 오른쪽 아래에 공작을 배치했다. 공작은 그 화려한 생김새 때문에 사치와 방탕을 상징하는 새로, 그가 즐겨 사용하는 은유다. 이 공작과 대각선 지점에는 멀리 다윗의 궁전이 보인다. 그렇다면 기대와 설렘으로 가득한 밧세바의 표정과 공작이 전하는 의미는 뭐란 말인가? 왕과의 달콤한 로맨스를 꿈꾸는가, 아니면 신분 상승의 욕구로 들떠있는가?

성서 저자는 밧세바가 우리야의 전사 소식을 듣자 "자기의 남편을 생각하여 슬피 울었다"(사무엘기하 11:26)고 기록한다. 나아가 우리야의 강직함과 다윗의 교활함을 대조시켜 서술한다. 보기를 들면 이런 식이다. 밧세바의 임신 사실을 알고 다윗은 전쟁터에 있던 우리야를 소환하여 특별휴가를 내린다. 아내와 잠자리를 하도록 유도해 자신의 범죄를 은폐하기 위한 꼼수다. 하지만 우리야는 왕의 명령에 불복한다. 언약궤가 아직 전쟁터에 있는데, 또 자기 상관인 요압 장군과 전우들이 벌판에서 피를 흘리고 중인데, 어떻게 자기만 특별휴가를 누릴 수 있냐는 거다.(『사무엘기하』 11:11 참고)

이쯤 되면 다윗이 우리야의 충성심과 신앙심 앞에 굴복해야 옳다. 한데도 다윗은 더 치졸한 꼼수를 부린다. 이튿날 우리야를 불러다가 자기 앞에서 먹고 마시고 취하게 하여, 술김에라도 밧세바와 동침하도록 유도한다. 그러다가 이 계략마저 먹히지 않자 급기야 우리야를 제거하기로 마음먹는다. 요압 장군에게 쓴 편지를 우리야 편에 들려 보내는데, 그 편지에는 우리야를 죽음에 이르게 할 상세한 작전 지시가 들어있다. 그 지시대로 우리야는 적진 깊숙이 앞장서 들어가서, 홀로 고립된 채 죽는다. 그의 죽음은 외관상 장렬한 전사였으나, 내용상 치정에 얽힌 살인이요, 정확히는 권력 남용이 빚은 참극이었다.

성서 저자는 밧세바의 목욕에 대해서도 결코 관능적인 의미로 서술하지 않았다. "그 여인은 마침 부정한 몸을 깨끗하게 씻고 난 다음이었다."(사무엘기하 11:4) 달리 말하면, 월경 기간이 끝나 '부정한 몸'을 씻는 정결례를 거행하는 중이었다. 다윗의 시선을 감지하고 그를 유혹하기 위해 목욕한 게 아니라는 말이다.

이 대목에서 밧세바의 첫 등장이 다윗의 응시에 포착된 시점이라는 점을 되새길 필요가 있다. 응시(gaze)는 단순하게 쳐다보는 것(looking at)과 다르다. 응시에는 응시하는 주체의 욕망과 그 욕망에 따라 객체화된 대상 사이의 권력 관계가 전제된다. 다윗이 밧세바를 응시하는 위치에 주목해 보라. 성서 저자의 관찰에 따르면, 그는 그녀를 "내려다본다"(사무엘기하 11:2 참고). 그가 위에 있고, 그녀가 아래에 있다. 밧세바가 그림의 중앙을 차지하고, 또 빛이 밧세바의 벗은 몸을 비추고 있다고 해서 그녀가 주인공이라고 판단하면 오산이다. 밧세바는 화면 왼쪽 위로 보일 듯 말 듯 희미한 얼룩처럼 처리된 다윗의 응시에 포획된 먹잇감에 지나지 않는다. 요컨대, 이 그림 속의 밧세바, 곧 다윗의 부름을 받고 기대에 들떠 몸단장에 열중하는 밧세바는 다윗의 성적 판타지가 빚은 이미지일 뿐, 실제 그녀가 아니다.

렘브란트는 같은 주제의 성화를 여러 해에 걸쳐 반복 재현한 것으로 유명하다. 그에게 성서는 고정불변의 텍스트이기는커녕 하나님의 계시가 끊임없이 새롭게 전달되고 해석되는 열린 텍스트였다. 그가 1654년에 그린 <밧세바>그림12를 보면 이 점이 확연히 드러난다. 같은 장면인데도, 1643년도 작품과 전혀 다르게 재현되어 있다. 우선 가장 먼저 눈에 띄는 것이 다윗의 부재다. 다윗의 응시가 사라지니, 밧세바의 실제가 오롯이 드러난다. 이제야 비로소 밧세바의 내면이 우리 눈에 포착된다.그림13 참고

그림 속에서 밧세바는 자신의 발을 닦는 하녀를 물끄러미 바라본다. 단순히 슬프다는 말로는 다 담아낼 수 없는 표정이다. 그래서 어떤 남성은 이렇게 고백한다. "이 누드를 음탕하게 샅샅이 훑어보라. 한껏 욕정에 부풀어 오를지 모르지만, 그러나 모든 정욕의 발기는 밧세바의 얼굴에서 멈춘다."(김학철, 『렘브란트, 성서를 그리다』, 대한기독교서회, 2010: 93에서 따옴) 발을 씻는 행위는 성관계를 암시하는 이스라엘식 완곡어법이다. 다윗이 우리야에게 밧세바와 자라고 권할 때도 그 표현이 사용되었다. 그러나 지금 밧세바의 '발 씻음'은 자신의 남편을 위해서가 아니라 왕의 부름에 의한 것이다. 그녀의 오른손에 들린 편지는 거역할

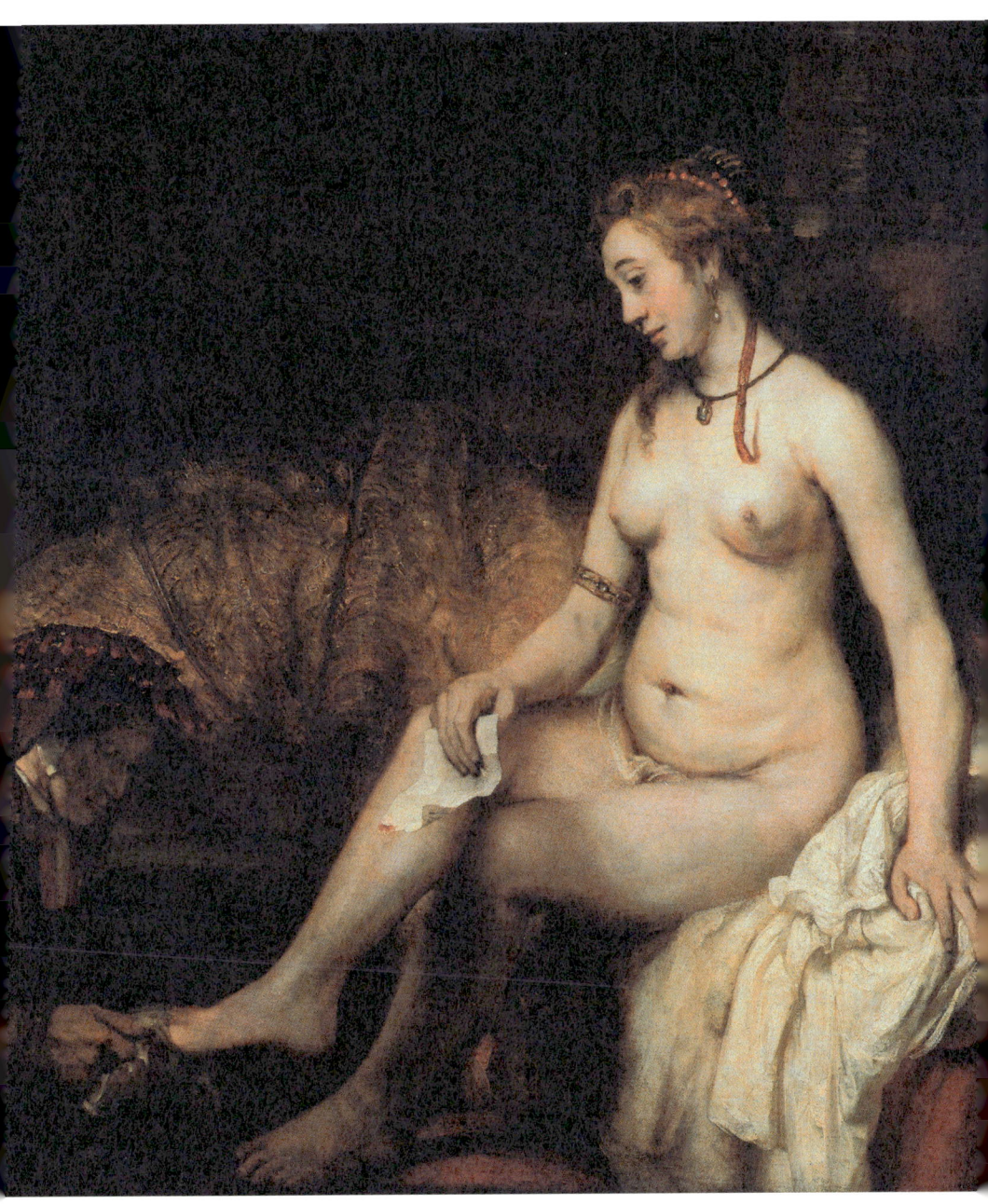

그림 12 <밧세바>, 렘브란트, 1654

수 없는 권력의 소환을 암시한다. 그러니까 밧세바의 저 복잡한 표정은 이 상황이 명백한 폭력임을 증언하는 셈이다.

성서에는 "애도하는 기간이 지나니, 다윗이 사람을 보내서 그 여인을 왕궁으로 데려왔다"(사무엘기하 11:27)고 나온다. 사람을 보냈지, 편지를 보낸 게 아니다. 편지라고는 다윗이 우리야의 손에 들려 보낸 살인 명령서밖에 없다. 그렇다면 렘브란트는 일부러 밧세바의 손에 편지를 들림으로써 다윗의 죄책을 고발하고 있는 게 아닐까? 편지 끝에 묻어 있는 선명한 핏방울 한 점이 이러한 추측에 힘을 실어준다.

이 대목에서 우리는 1643년에서 1654년까지 십여 년 사이에 도대체 무슨 일이 있었기에 렘브란트의 관점이 달라졌는지 질문할 수 있다. 1654년판 <밧세바>의 모델은 헨드리케 스토펠스(Hendrickje Stoffels, 1626-1663)다. 그녀는 렘브란트의 아내 사스키아가 1642년에 어린 아들 티투스를 남긴 채 죽은 뒤, 1647년부터 티투스의 가정교사 노릇을 하다가 렘브란트의 연인이 되었다. 그 사이 렘브란트는 이미 가정부로 고용돼 있던 헤르트헤 디르크스(Greetge Dircx)와 염문을 뿌리고 급기야 그녀로부터 혼인빙자간음죄로 고소당하기까지 했다. 1643년판 <밧세바>의 모델이 헤르트헤다. 그녀와의 추문으로 렘브란트의 명성은 바닥까지 추락했다. 하지만 더 큰 문제는 따로 있었다. 헤르트헤와의 관계가 정리되고 나서도 렘브란트는 헨드리케와 재혼할 수 없었다. 죽은 아내 사스키아가 작성한 유언장에서 렘브란트의 재혼을 불허하는 조건으로 유산을 상속했기 때문이다. 렘브란트와 헨드리케의 '부적절한' 관계는 교회의 심기를 어지럽혔다. 그리고 마침내 독불장군인 렘브란트를 대신해 헨드리케 홀로 종교재판을 받고, 교회로부터 둘 다 추방당하니, 그것이 바로 1654년의 일이다.(이주헌, 『화가와 모델』, 예담, 2003: 26-37 참고)

그 뒤 얼마 못 가서(1656년) 렘브란트는 은행으로부터 파산 선고를 받는다. 교회의 두터운 신망과 후원을 받으며 '잘 나가던' 루벤스와 견주어 경제적으로나 도덕적으로나 완전히 '루저'(looser, 실패자)가 되었다. 이러한 실존적 체험이 밧세바를 이해하는 데 새로운 시각을 열어주었다고 하면 지나친 비약일까? 사람은 낮은 자리에 서야만 비로소 하나님을 볼 수 있는가?

땅바닥은 없다.

땅바닥은

땅의 머리

땅의 정수리다.

그러니까 땅은 언제나

꼿꼿이 서 있는 것이다.

정확하게 말하자면

땅바닥 땅의 바닥은

하늘의 바닥 하늘바닥이다.

사실 모든 땅바닥은

땅의 바닥이 아니고

지구의 정수리다.

그럼에도.

그럼에도 불구하고.

- 이문재, <바닥>

(이문재, 『지금 여기가 맨 앞』, 문학동네, 2014: 143)

그림 13 <루크레티아>, 렘브란트, 1664

이 여인의 표정을 보라. 눈물이 가득 고인 눈이 핵심이다.
대부분의 화가들이 로마 권력자 섹스투스에게 성폭행당한 루크레티아를
관음증적으로 재현하지만, 렘브란트는 그녀의 심리묘사에 초점을 두었다.

8. 가난

가난한 사람은 복이 있나니

8. 가난
- 가난한 사람은 복이 있나니

위로의 아이콘

"먹이를 찾아 산기슭을 어슬렁거리는 하이에나를 본 일이 있는가/짐승의 썩은 고기만을 찾아다니는 산기슭의 하이에나/나는 하이에나가 아니라 표범이고 싶다." 조용필의 <킬리만자로의 표범>은 스케일이 장난이 아니다. 도시 문명을 비판하고 반(反)문명을 선동하는 모습이 흡사 예언자스럽게 보인다. 이 노래가 고발하는 도시는 '하이에나'의 온상이다.

"야망에 찬 도시의 그 불빛 어디에도 나는 없다/이 큰 도시의 복판에 이렇듯 철저히 혼자 버려진들 무슨 상관이랴/나보다 더 불행하게 살다간 고흐란 사나이도 있었는데." 도시 문명과 불화하는 화자는 문득 빈센트 반 고흐를 호출한다. 그이라면 자신의 아픔과 슬픔을, 남들이 이해하지 못하는 선택과 지향을 알아줄 것만 같다. 위로는 그런 것이다. 자기보다 더 행복한 사람, 자기가 당한 고난을 운 좋게 비켜 간 사람, 그래서 자기 마음을 이해하기는커녕 짐작도 못 할 사람의 말은 위로가 되지 않는다. 그러면 도대체 얼마나 불행한 '루저'로 살았기에 빈센트 반 고흐가 '위로의 아이콘'이 된 것일까?

서른일곱의 나이로 세상을 떠날 때까지 변변한 정규직을 갖지 못했다. 화가로서 자의식은 투철했으나, 그림(유화)은 한 점밖에 팔리지 않았다. 그의 생계와 생활은 오롯이 동생의 몫이었다. 네 살 터울인 테오(Theodorus van Gogh)가 형의 방세와 빵값, 술값과 담뱃값을 대주었다. 이런 처지에 결혼이 웬 말인가? 요즘 청년들을 가리키는 '3포 세대'(연애·결혼·출산을 포기한 세대)의 전형이 그였다.

아버지 데오도루스(Theodorus van Gogh)는 네덜란드 개혁교회 목사였다. 가톨릭 교인이 많고 개신교인은 한 줌밖에 되지 않는 네덜란드 남부의 작은 마을 그루트 준데르트(Groot Zundert)에서 목회할 때 빈센트가 태어났다. 여섯 남매 중 맏이였던 그는 운명적으로 하나님께 바쳐진 아들이었다. 빈센트 역시 '가난한 시골교회 목사' 아버지를 존경했기 때문에, 평생을 가난한 사람들에게 하나님의 말씀을 전하며 사는 삶에 전혀 거부감이 없었다. 스물다섯 살의 빈센트가 평신도 전도사 신분으로 벨기에 보리나주(Borinage) 탄광지대에 자리한 퀴엠(Cuesmes)이라는 작은 마을에 들어갔을 때만 해도 그의 가슴은 소명감으로 불타올랐다.

비록 6개월의 수습 기간을 거쳐야 했지만, 그는 엄연히 유급 전도사였다. 그에게 선교비를 지원한 벨기에 개신교 연합복음선교회는 노동자들, 특히 탄광촌 광부들을 전도하기 위해 세워진 초교파 선교단체로, 가톨릭 신자들을 개신교로 개종시키는 게 주요 목적이었다. 한데 빈센트의 목회 철학은 달랐다. 개종자 수를 늘리는 데 전혀 관심이 없었다. 그에게 목회란 그리스도를 본받아 청빈하게 살면서 가난한 사람들을 돌보는 일에 헌신하는 삶이었다. 당시에 널리 익히던 토마스 아 켐피스(Thomas à Kempis, 1380~1471)[45]의 『그리스도를 본받아』를 매일 저녁 공책에 옮겨적을 정도로 고흐의 영혼은 맑고 순수했다.

이게 화근이었다. 어느 시대든지 제도권 교회는 적당히 혼탁하기 마련이어서 투명한 정신을 받아들이지 못한다. 6개월의 수습 기간이 끝나자, 선교회는 고흐가 설교를 잘하지 못한다는 이유로 선교비 지원을 중단하고 전도사 자격을 박탈했다. 돈을 받지 않고도 계속 광부들과 함께 살고 싶어 한 그의 열정을 광기로 몰아세우면서.

> 전통을 맹종하는 낡은 종파가 있고, 그것은 종종 실로 혐오스럽고 전제적이며 '황폐하게 만드는 혐오스러운 자'로서, 요컨대 편견과 관습의 갑옷, 그것도 강철로 된 갑옷을 입은 무리이기도 해. 그 무리가 권력을 잡게 되면 사람들의 일자리를 제멋대로 주무르고, 엄청난 관료적 형식주의로 자기들의 부하를 위한 일자리를 유지하며, 솔직한 인간을 배제하고자 해.(편지 154, 1880.7)[46]

---

45 독일의 신비사상가인 토마스 아 켐피스는 평생을 아그네텐베르크 수도원에서 지내면서 '공동생활 형제단'(Brethren of the Common Life)의 일원으로 활동했다. 이 형제단은 청빈·검소·단순·순결을 추구하고, 재산을 공유하며, 남에게 시혜를 받지 않고 자신들의 노동으로 그날그날의 양식을 벌었다. 이것이 그들이 이해한 '그리스도를 본받는' 삶이었다.

46 이 장에 나오는 고흐의 편지는 다음 두 책에서 인용하였다. 박홍규, 『세상에서 가장 아름다운 편지』, 아트북스, 2009와 『절망 속에서도 희망을: 노동자화가 빈센트 반 고흐의 아나키 유토피아』, 영남대, 2013.

그 시기가 빈센트의 개인사에서는 무척 혼란스럽고 괴로웠겠지만, 인류에게는 천만다행이었다. 만약 그가 '목사 고흐'로 평탄하게 살았다면, 인류는 '화가 고흐'를 갖지 못했을 거고, 조용필의 저 명곡도 탄생하지 않았을 것이기 때문이다. 어쨌든 그가 탄광촌에서 오두막집의 방 한 칸을 빌려 난생처음 화실을 마련할 수 있었던 건 그에게나 우리에게나 행운이었다. 설교하는 목사는 흔하지만, '붓을 든 신학자'는 귀하니까 말이다.

침실 겸 화실에서, 광부들의 아이들과 함께 먹고 자면서 빈센트는 가난한 사람들의 일상을 화폭에 옮겼다. 이때 그린 <퀴엠의 집>(1879)[그림1]은 장차 그가 목숨 걸고 찾아낼 '고유 색상'(signature color)인 노란색의 단초를 보여준다. <어깨에 삽을 메고 있는 사람>(1879)[그림2], <일하러 가는 남녀 광부들>(1880)[그림3]에서는 '막장 인생'을 바라보는 그의 따뜻한 시선을 엿볼 수 있다.

이곳을 떠나 헤이그로 옮겨가서도 그는 계속 이곳 사람들을 그리워했다. <여자 광부들>(1882)[그림4], <예배드리는 회중>(1882)[그림5], <복권판매소>(1882)[그림6] 같은 그림들이 모두 이곳과 연관되어 있다. 정식으로 배우지 못하고 독학으로 익힌 수준이라 서툴고 거칠지만, 이 시기의 그림들은 그가 왜 화가가 되고 싶어 했는지를 여실히 보여준다. 예술이 뭔지도 모르는 사람들, 그림 감상이 사치에 불과한 사람들에게 위로의 말을 건네고 싶었던 거다. 그의 그림은 가난한 사람들에게 보내는 일종의 '러브레터'였다.

> 나는 광부가 땅을 파는 모습을 보는 게 좋아. 천국이 아닌 이 세상에서 하나님의 은총을 발견하기 때문이다. '너희는 네 이마의 땀방울 속에서 빵을 먹어야 한다'는 말이 있듯이 천국에서도 힘든 일을 하는 사람을 더 높이 쳐주지 않겠니?(편지 346, 1883.5)

그림 1 <퀴엠의 집>, 고흐, 1879

그림 2 <어깨에 삽을 메고 있는 사람>, 고흐, 1879
그림 3 <일하러 가는 남녀 광부들>, 고흐 1880
그림 4 <여자 광부들>, 고흐, 1882
그림 5 <예배드리는 회중>, 고흐, 1882
그림6 <복권 판매소>, 고흐, 1882

씨 뿌리는 사람

될성부른 나무는 떡잎부터 알아본다고, 빈센트는 열여섯 살 되던 해에 헤이그에 있던 구필(Goupil) 화랑에서 사회생활의 첫발을 내디뎠다. 정규 교육이라고는 중학교 중퇴가 전부인데, 그가 왜 제도권 교육을 접었는지는 정확히 알려진 바 없다. 집에서 빈둥거리던 그를 아버지가 자신의 형에게 보냈다. 센트 삼촌(그의 본명도 빈센트 반 고흐다.)은 헤이그에서 화상(畵商)으로 성공한 사람이었다. 파리의 화상인 구필과 동업해 헤이그에 구필 화랑을 차리고 네덜란드 화가들의 그림을 프랑스에 팔았다. 아들이 없던 센트는 빈센트를 자식처럼 아끼며 일을 가르쳤다. 빈센트의 동생 테오가 파리에서 화상 일을 하게 된 것도 센트의 영향이었다.

빈센트의 인생 방향은 이 시기에 정해졌을 것이다. 구필 화랑에서 일하며 미술에 눈을 뜬 건 말할 필요도 없고 평생의 스승을 발견했으니, 그가 바로 장 프랑수아 밀레(Jean-François Millet, 1814~1875)다. 밀레는 파리에서 콜레라가 유행하자 바르비종이라는 시골로 내려가 자연 풍경과 농부들의 일상을 즐겨 그렸다. 그 주변으로 화가들이 모여 비슷비슷한 그림들을 그려내면서 자연스럽게 '바르비종파'(Barbizon School)가 형성됐다.[47]

밀레의 대표작이자 빈센트의 영혼을 뒤흔든 <씨 뿌리는 사람>(1850)[그림7]은 바르비종으로 이주한 이듬해에 나온 작품이다. 비스듬하게 경사진 언덕 밭을 농부가 저벅저벅 걸어 내려오면서 씨를 뿌리고 있다. 힘차게 뻗은 손끝에서 씨앗이 풀풀 날아간다. 발걸음은 또 어찌나 힘찬지 발자국이 푹푹 패일 정도다. 거친 야성의 생명력이 뿜어져 나온다.

이 그림이 충격적인 이유는 밀레에 앞서 어느 화가도 농부를 이 정도 비중으로 무게 있게 그리지 않았기 때문이다. 인물화라고 하면 대개 왕이나 귀족, 교황이나 사제, 아니면 신흥 부르주아쯤 되어야 주인공이 된다고 여기는 분위기 속에서 이 그림이 살롱에 전시되었다는 건 그 자체가 혁명이었다. 게다가 이때가 어떤 시기인가? 그 유명한 독일 철학자 카를 마르크스(Karl Marx, 1818~1883)가 영

---

47 바르비종파는 사실주의(Realism)와 인상주의(Impressionism) 사이에 중간 다리 역할을 한다.

국 런던에서 망명자로 살며 『공산당 선언』과 『자본론』을 펴낸 때(1848)가 아닌가? 밀레에게 사회주의자 혐의가 덧씌워진 것도 무리는 아니다.

이후 빈센트가 본격적으로 화가의 길을 걸으면서 밀레의 모작을 여러 장 그려낸 건 선망과 존경의 표현이었다.^{그림8~13} 훗날 자신의 '고유 색상'을 찾은 뒤에는 밀레의 <씨 뿌리는 사람>을 창조적으로 재해석해 고유한 작품으로 탄생시켰다. 빈센트의 <씨 뿌리는 사람>(1888)^{그림14}에서 농부는 밀레의 그림과 비슷한 동작을 취하고 있지만, 주인공이라고 하기에는 어딘가 부족하다. 오히려 농부의 등 뒤에서 찬란하게 빛나는 태양과 무르익은 밀밭이 눈길을 사로잡는다.

이 그림은 복음서에 등장하는 씨 뿌리는 사람의 비유(마태복음 13:1-9; 마가복음 4:1-9; 누가복음 8:4-8)를 화폭에 옮긴 것이다. 길가, 공중의 새, 바위, 가시덤불 등이 한 그림 안에 다 들어있다. 복음서에서 예수는 열매 맺는 씨앗의 중요성을 강조한다. 이 씨앗과 더불어 하나님 나라를 열어가겠다고 선언하신다. 빈센트 역시 그런 마음으로 그림을 그리지 않았을까? 언젠가는 반드시 내가 그린 그림이 누군가의 슬픔을 위로해줄 거라고. 지금은 비록 세상의 외면과 무관심 속에 아무도 알아주지 않지만, 이 모든 과정이 하나님의 신비한 섭리 안에 있다고.

그림 8 <이삭 줍는 사람들>, 밀레, 1857 ①
그림 9 <두 농부 여인>, 고흐, 1890 ②
그림 10 <하루의 끝>, 밀레, 1865-67 ③
그림 11 <하루의 끝>, 고흐, 1889 ④
그림 12 <흙 뒤집는 두 남자>, 밀레, 1866 ⑤
그림 13 <삽질하는 두 남자>, 고흐, 1889 ⑥

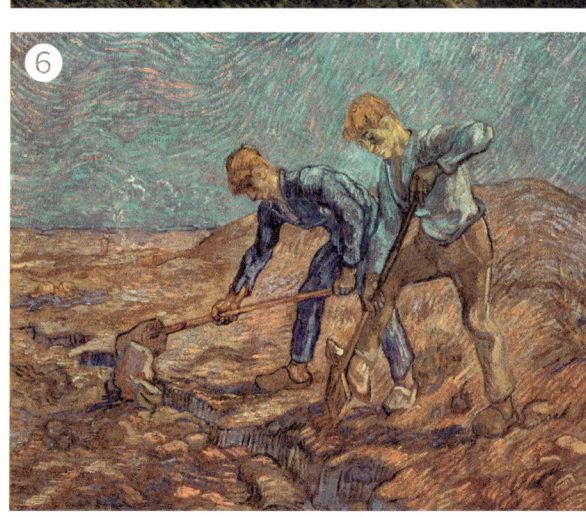

그림 14 <씨 뿌리는 사람>, 고흐, 1888

그림 7 <씨 뿌리는 사람>, 밀레, 1850

여기서 밀레의 <만종>(1857~59)^{그림14}을 짚고 넘어가지 않을 수 없다. 이 그림은 1970년대 동네 이발소의 단골 장식품이었다. 쓰레기차가 후진할 때 흘러나오는 음악이 베토벤의 <엘리제를 위하여>이니, 우리나라 문화예술 수준이 얼마나 높은가? 방탄소년단(BTS)은 하루아침에 만들어지지 않았다!

<만종>의 원래 제목은 <삼종기도>(L'Angélus)다. 유럽 가톨릭 세계에서는 하루 세 번씩, 곧 아침, 점심, 저녁때 교회에서 치는 종소리에 맞춰 기도하는 관습이 있었다. 그러니까 '삼종기도'란 저녁 종소리에 따른 기도라는 뜻이다. 이 그림은 저 멀리 지평선이 보이는 들녘에서 하늘에 저녁놀이 물들어가는 찰나, 가난한 농민 부부가 삼종기도를 올리는 장면을 담아낸다.

아내의 등 뒤로 어렴풋이 교회 첨탑이 보인다. 거기서 치는 종소리가 온 들녘에 은은히 울려 퍼진다. 남편은 두 손으로 모자를 벗어들었다. 아내도 두 손을 가슴팍에 모았다. 남편의 옆에는 쟁기가 꽂혀 있고, 아내의 옆에는 손수레가 놓여 있다. 두 사람 사이 땅바닥에는 감자 바구니가 있는데, 이들의 저녁거리가 될 것이다. 온종일 열심히 노동한 대가가 고작 감자 몇 알이어도 젊은 부부는 하나님께 감사 기도를 올린다. 이 순간, 그들은 영원에 닿아 있다.

한 편의 영화를 보는 듯한 이 그림에는, 그러나 숨겨진 뒷이야기가 있다. 1857년에 처음 완성되었을 때, 부부 사이의 바구니에는 굶어 죽은 아기가 누워 있었다. 마치 꽃이 지듯 그렇게 아기는 울 힘조차 없이 스러졌을 것이다. 공교롭게도 이 시기가 '감자 역병'으로 인해 아일랜드 대기근이 덮친 시기와 맞물린다는 걸 생각하면, 당시 유럽 농민의 삶이 얼마나 피폐했을지를 충분히 알 만하다. 비슷한 시기에 활동한 러시아의 대문호 톨스토이(Leo Tolstoy, 1828~1910)의 작품에서도 유럽 농민의 비참한 삶이 곳곳에 배어있다.

안 그래도 밀레가 사회주의자로 몰린 판에 '굶어 죽은 아기' 그림은 강력한 저항의 메시지로 읽힐 테다. 주변에서 뜯어말렸다. 우리가 지금 보는 '감자'는 타협의 결과다. 교회 첨탑도 1859년에 다시 작업하면서 추가되었다. 이로써 <만종>은 19세기 유럽 농촌의 현실을 고발한다는 지역적인 한계를 뛰어넘어 전 세계인의 사랑을 받는 '불후의 명작'으로 재탄생할 수 있었다.

감자 먹는 사람들

빈센트는 빅토르 위고를 좋아했다. 하층민과 빈민을 바라보는 위고의 '눈'을 사랑했다. 탈옥을 거듭하던 장발장이 회개하고 완전히 새사람으로 변신하여, 피 한 방울 섞이지 않은 고아 소녀 코제트를 데려다가 지극정성으로 보살피는 『레미제라블』에 큰 감명을 받았다. 위고의 『파리의 노트르담』에 등장하는 척추 장애인 콰지모도도 마찬가지다. 왕권과 교권에 맞서 싸우는 민중의 영웅으로 나온다. 힘 있는 사람들이 하룻밤 노리개로 희롱하던 집시여인 에스메랄다를 위해 목숨까지 바친 사랑은 또 얼마나 거룩한가?

작은 자, 약자, 힘없는 자, 가난한 자에 대한 빈센트의 본능적인 이끌림은 성서에 근거한다. 예수께서 말씀하셨다. "너희 가난한 사람들은 복이 있다. 하나님의 나라가 너희의 것이다."(누가복음 6:20) 이들이야말로 창세기가 고발하는 도시 문명의 지배 엘리트들, 곧 "네피림"(창세기 6:4)의 대척점에 있는 존재들이다.

그림 14 <만종>, 밀레 1857-59

네피림은 "거인족", "옛날에 있던 용사들로서 유명한 사람들"(창세기 6:4)이라고 소개되며, "하나님의 아들들"(창세기 6:2)의 다른 이름이다. 하나님의 아들들이 사람의 딸들을 마음대로 취하여 네피림을 낳았다. 가인과 라멕의 후예들로서, 강자, 승자, 능력자, 지배자, 권력자 등이 모두 이 범주에 속한다.

빈센트의 그림들은 대개 인물화나 정물화, 풍경화로 분류되지만, 깊이 들여다보면 모두 성화(聖畫)인 까닭은 그가 성서적 가치관에 충실했기 때문이다. 빈센트는 밀레처럼 가난한 사람들을 위한 그림을 그리고 싶어 했다. 보리나주 이후 그의 동선은 도시를 떠나 시골로 이주하는 유목민의 그것이었다. "민중 쪽이 세상에서는 예술가 따위보다도 도움이 된다"(편지 611, 1888.10.20~22.)는 게 그의 신념이었다. "나로서는 문자도 모르는 사람들, 가령 농민이나 직조공 사이에서 사는 쪽이, 더욱 교양 있는 무리와 사는 것보다 좋다고 자주 생각해."(편지 422, 1884.1.2.) 그에게 '민중'은 이념이 아니라 사람이었다. 하루 벌어 하루 먹고 살며 땀 흘려 일하지 않고는 빵을 얻을 수 없는 도시 빈민과 농촌 노동자들이야말로 민중의 진수라고 여겼다. 빈센트의 인생과 예술은 민중, 특히 시골 농부들에 대한 사랑과 존경으로 수렴되었다.

수많은 농민화를 그렸지만, 빈센트 자신이 꼽은 최고의 걸작은 <감자 먹는 사람들>(1885)이었다.^{그림16} 당시 빈센트는 아버지의 목회지인 누넨(Nuenen)으로 돌아와 미친 듯이 그림에 열중하고 있었다. 물론 완고한 아버지 눈에는 목회자로서 '실패'한 맏아들이 곱게 보일 리 없었다. 헤이그에서 '매춘부' 시엥(Sien)과 동거한 일로 빈센트를 '개'처럼 취급했다. 그럴수록 빈센트는 더욱 그림에 몰두했다.

1885년 3월의 어느 밤, 화구를 챙겨 집으로 돌아오는 길이었다. 허름한 오두막을 지나는데, 창문 너머로 농부 가족의 저녁 식사 장면을 우연히 보게 됐다. 노란 석유램프 아래 옹기종기 모여 앉아 감자를 먹는 모습이 그에게는 더없이 거룩하게 보였다. 빵과 고기 대신에 감자로 배를 채울 수밖에 없는 가난한 밥상이지만, 정직한 손노동을 통해 얻은 '일용할 양식'이야말로 성만찬과 다르지 않았다. 1885년 4월 30일 테오에게 보낸 편지에서 그는 이렇게 썼다.

> 내가 이 그림에서 강력하게 의도한 점은, 램프 밑에서 감자를 먹고 있는 이 사람들이, 지금 접시 속의 감자를 찔러서 먹고 있는 그 손으로, 대지를 팠다고 하는 점을 보여주려는 것이었어. 따라서 그 그림은 손의 노동을 보여주고자 하는 것이고, 또 그들은 자신들이 먹는 것을 정직하게 얻었음을 보여주고자 하는 것이야.
> 나는 우리들 문명화된 인간들의 생활방식과는 전혀 다른 생활방식을 사람들에게 알리기 위해 이 그림을 그렸어. 따라서 나는 사람들이 그런 이유도 모른 채, 그것에 감탄하거나 인정하는 것은 전혀 기대하지 않아. …
> 농민을 그리려면 자신이 농부인 것처럼, 그들 자신과 같이 느끼고 생각하면서 그려야 해. 지금 현실에 존재하는 인간의 모습은 그럴 수밖에 없다는 식으로 그려야 해. 나는 너무나도 자주, 농민은 하나의 독립된 세계이고, 수많은 관점에서 바라볼 때 그 세계는 문명화된 세계보다 더욱, 더욱 뛰어나다고 생각해.(편지 501, 1885.4.30.)

시앵에 대한 그의 사랑이 단순한 연민이나 동정이 아니었던 것처럼, 농민에 대한 그의 사랑도 부르주아의 싸구려 낭만이 아니었다. 무엇보다도 빈센트 자신이 결코 부르주아일 수 없었다. "저는 민중이 밭을 갈 듯이 캔버스를 갈고 있습니다"(편지 611, 1888.10.20~22)는 고백은 민중과 하나가 된 그의 자의식을 반영한다. 단순히 농민을 그려서가 아니라, "농민처럼 느끼고 살며 그 느낌을 그대로 그렸기에 그는 진정한 농민화가였다."(박홍규, 『절망 속에서도 희망을: 노동자 화가 빈센트 반 고흐의 아나키 유토피아』, 영남대, 2013: 236)

<감자 먹는 사람들>은 빈센트의 아버지가 돌아가시고 난 뒤에 완성됐다. 이 그림으로 빈센트는 농민화가가 되고자 한 자신의 꿈을 달성했다고 확신했으나, 농민들은 그의 그림을 탐탁잖게 여겼다. 전체적으로 흙과 하나가 된 듯이 우중충한 색채도 마음에 들지 않았고, 자신들의 모습을 아름답게 포장하기는커녕 거칠게 묘사한 것도 불쾌했다. 빈센트는 농부들이 손에 든 감자, 곧 흙이 잔뜩 묻은 감자가 농민의 생명력을 상징한다고 보았고, 그래서 농민이 도시 문명을 구원할 새로운 인간의 전형이라고 믿었지만, 농민들은 이걸 모욕으로 받아들었다. 게다가 공

교롭게도 <감자 먹는 사람들>에 등장한 여자 모델이 처녀의 몸으로 임신한 사실이 알려져 마을이 발칵 뒤집혔는데, 애꿎게 빈센트가 누명을 뒤집어쓰는 바람에 거의 쫓겨나다시피 그곳을 떠나야 했다.

이처럼 신산한 삶을 살면서도 농민에 대한 그의 사랑은 한결같았다. 모델료가 궁했던 만큼, 빈센트는 자화상을 많이 그렸다. 도시를 떠돌 때 그린 자화상들은 화가로 성공하고 싶은 욕망이 투영되어 부르주아의 이미지가 스며있기도 하지만, 한 때뿐이었다. 아를로 내려간 뒤에는 자기를 승려^{그림17}나 농부^{그림18}로 표현했다. 세속의 욕망을 버리고, 오롯이 '화가-노동자'로서 가난한 사람들을 위로하는 그림에 복무하겠다는 선언이었다.

확실히 빈센트는 어느 파에 속한 화가가 아니었다. 그 스스로 그래야 한다고 생각하지도 않았다. 테오에게 보낸 편지에서 "밀레는 하얀 빛을 가진 사람이고 어느 누구보다 훌륭해. 밀레에게는 복음이 있거든. 밀레가 그린 그림이 훌륭한 설교와 무엇이 다르냐? 제법 괜찮다는 설교도 밀레의 그림과 비교하면 검게 보여"(편지 391, 1883.9.22.)[48]라고 할 정도로 밀레를 존경한 그이지만, 밀레 화파에 속할 마음은 없었다. 당시 미술계를 휩쓸던 인상파로부터는 오히려 '함량 미달'로 취급받았다.

가난과 고독에 시달리며 그가 간 길은 아직 아무도 가지 않은 길이었다. 그가 현대회화의 길목에 서 있다고 말해지는 건 그런 이유다. 인물을 그릴 때도 그는 사진 찍듯이 사실대로 묘사하는 데 관심이 없었다. 그건 카메라가 더 잘할 수 있는 일이니까. 화가라면 대상의 감정과 개성까지 표현할 수 있어야 한다. 자기 눈에 '보이는 대로' 그리는 게 아니라 자기가 '보는 대로' 그리는 게 진짜 화가다.

훗날 그가 아를로 내려간 것은 또 하나의 고향을 찾기 위한 순례의 여정이었다. 아를은 그의 어린 시절을 품어준 준데르트나 청년 목회자로서 열정을 불태운 보리나주, <감자 먹는 사람들>이 탄생한 누넨과 마찬가지로 '엑상프로방스'(Aix-en-Provence, 시골 중의 시골이라는 뜻)였다. 아를에서 <씨 뿌리는 사

---

48 이 편지에서 빈센트가 언급한 '하얀 빛'과 '검은 빛'은 빅토르 위고의 마지막 소설 『93년』(Quatre vingt-treize)에 나오는 말이다. 『레 미제라블』이 나폴레옹이 몰락하고 왕정이 복고된 시기를 역사적 배경으로 한다면, 『93년』은 1793년의 프랑스 대혁명기를 다룬다. 한편, 고흐에게 검은 빛은 거짓 종교를, 하얀 빛은 참 종교를 뜻한다.

그림 17 <자화상>, 고흐, 1888　　　　　　　　그림 18 <자화상>, 고흐, 1889

람>을 그리며 그는 밀레를 넘어 자기만의 독자적인 회화세계를 창조했다.

　아를의 작열하는 태양에서 발견한 노란빛은 하나님의 임재를 상징하는 그만의 '고유 색상'이었다. 밀레의 <씨 뿌리는 사람>의 주인공은 농부이지만, 빈센트의 <씨 뿌리는 사람>에서 농부는 하나님과 협력하여 일하는 사람으로 나타난다. 농부는 씨를 뿌릴 뿐, 자라게 하시는 이는 하나님이시다. 씨 뿌리는 사람은 오직 자신의 역할에만 충실할 뿐, 결과는 하나님의 손에 달렸다. 생명의 신비는 하나님이 주관하시지, 농부의 손에 달린 일이 아니다.(고린도전서 3:7-8 참고)

　이 엄정한 진리는 때로 씨 뿌리는 사람을 슬프게 한다. 하지만 어쩌랴? 슬픔이야말로 순수한 인간의 밑질미이며 하나님의 마음의 원형질인 것을. 빈센트의 삶은 슬픔 자체였으나, 그러기에 그의 그림이 우리를 위로할 수 있는 것이다.

"당신이 그 슬픔을 이해할 수 있다면, 그래서 그것이 온전히 당신의 것이 될 수도 있다면, 당신이 하지 못할 일이 도대체 무엇이겠는가."(신형철,『슬픔을 공부하는 슬픔』, 한겨레, 2018: 24)

그림 16 <감자먹는 사람들>, 고흐, 1885

9. 감정

우리가 살아있다는 증거

9. 감정
- 우리가 살아있다는 증거

표정이 없는 그림

우리나라 종이돈에 도안으로 활용된 '위인'들의 초상화에는 표정이 없다. 천원짜리에 실린 퇴계 이황(1501~1570)을 보라. 도무지 얼굴에 감정이 드러나 있지 않다. 과연 성리학의 대가답다. 조선 시대를 풍미한 성리학에서는 인간의 본성을 사단칠정으로 파악했다. 사단(四端)이란 인간의 본성을 이루는 인의예지(仁義禮智)의 네 가지 도덕을 가리키고,[49] 칠정(七情)은 도덕과 상관없이 발현되는 일곱 가지 자연스러운 감정, 곧 희로애락애오욕(喜怒哀樂愛惡欲)을 말한다. 퇴계는 사단을 도심(道心)으로, 칠정을 인심(人心)으로 파악하면서 사단의 우위와 독립을 주장했기에, 도를 닦는 사대부의 얼굴에서는 칠정이 드러나면 안 되었다.

그림 1 <성모자상>, 작자미상, 560?

서양의 중세 기독교 성화(icon) 역시 표정이 없는 게 특징이다.[50] 심지어 남성인지 여성인지 애매하게 표현된 성화도 많다.^{그림1} 가능한 한 인성을 배제하고 신성을 강조해야 했기 때문이다. 해서 제작자의 이름도 생략돼 있다. 성화는 인간이 만들어낸 예술작품이라기보다는 교회의 장식 부품, 곧 신성에 봉사하는 도구로 여겨졌다. 성화를 제작한 화가는 예술가가 아니라 기술자에 불과했다.

서양의 중세는 게르만족의 대이동으로

---

49 '사단'은 맹자의 '공손추'(公孫丑) 상편에 나오는 말로, 성선설(性善說)을 근간으로 하여 인간에게는 네 가지 마음바탕이 있다고 보는 견해다. 측은지심(惻隱之心, 仁之端), 수오지심(羞惡之心; 義之端), 사양지심(辭讓之心; 禮之端), 시비지심(是非之心; 智之端)이 이에 해당한다.
50 당시 성서는 라틴어로 되어 있어서 성직자나 귀족 등 일부 지식인을 제외하고는 접근하기가 어려웠다. 그래서 이콘이 고안되었다. 라틴어를 모르는 일반 민중에게 성서의 이야기를 알기 쉽게 전달하기 위해서다. 중세 때는 교황마다 자신의 교권을 과시하기 위한 수단으로 교회 건축에 힘을 쏟았으므로, 천장화나 벽화, 조각이나 스테인드글라스 같은 장식미술이 크게 번성했다.

서로마제국이 멸망한 476년부터 르네상스 시대까지를 아우른다. 중세'(中世)란 두 시대의 사이, 곧 고대(古代)와 근대(近代) 사이에 끼어 있는 세기라는 뜻으로, 다분히 낮잡아 부르는 말이다. 중세라고 하면 '암흑기'(the Dark Ages)가 저절로 떠오른다. 중세 이전은 고대 그리스와 로마의 헬레니즘(Hellenism) 전통이 지배적이었다. 중세 이후는 그 헬레니즘으로 복귀하자는 르네상스 운동이 열렸다. 헬레니즘의 중핵은 인간 중심의 세계관이다. 그 눈으로 보면, 헤브라이즘(Hebraism)에 터해 신 중심의 세계관을 펼친 기독교 시대가 당연히 암흑기로 폄하될 수밖에 없다.

암흑기에서 한 걸음 더 나아가 '고딕'(Gothic)이라는 부름말도 있다. 고딕은 5세기 말 로마를 침략한 고트족에서 온 말이다. 게르만족[51]의 일파인 고트족이 로마를 점령해 동고트 왕국을 세우고, '찬란했던 로마 문화'를 파괴했다.[52] 이런 부정적인 평가를 담은 게 '고딕'이다. 교양 없고 야만스럽고 촌스럽다는 뜻을 내포한다. 비슷한 표현으로 '반달리즘'(Vandalism)이 있다. 5세기 지중해로 진출해 로마를 약탈하고 파괴한 반달족에서 유래했는데, 요즘에도 도시의 문화예술이나 공공시절을 맹목적으로 파괴하는 행위를 통틀어 반달리즘이라고 말한다.

그러니까 '중세·암흑기·고딕·반달리즘' 이런 표현 자체가 철저히 신 중심의 사회를 꾸렸던 천 년의 기독교 세계에 대한 보복인 셈이다. 그 시기는 '나는 믿는다, 고로 존재한다'는 명제만이 허용된 때였다. 인간의 삶이란 그저 하나님을 예배하고 성인들을 경배하며 교황이나 사제들의 말에 복종하는 '믿음' 생활이 전부였다. 화려한 성당을 짓기 위해서는 인간의 합리적·과학적 이성이 필수조건이었지만, 이 이성은 어디까지나 신앙에 종속된 것일 뿐, 그 이상이 아니었다.

중세 예술은 철저히 하나님께 더욱 가까이 다가가고자 하는 인간의 욕망을 반영했다. 하늘을 찌를 듯한 고딕 양식의 대성당과 그 안을 아름답게 밝히는 스테

---

51   게르만족은 네덜란드를 기준으로 북쪽에 자리한 네덜란드, 독일, 영국, 오스트리아, 스위스, 덴마크, 노르웨이, 아이슬란드 등 북유럽 민족들을 아우른다. 오늘날 앵글족의 뿌리다.
52   사실은 고트족이나 반달족 모두 로마 문화의 우수성을 인정해 두 문화를 융화하려고 노력했기에 이런 평가는 다분히 일방적이다.

인드글라스가 중세 예술의 상징이었다. 그러다 대성당 건축이 한계점에 도달하면서 스테인드글라스의 수요도 자동으로 줄어들었다. 이 무렵 이탈리아에서 새로운 시도가 나타나기 시작했다. 자신들을 로마인의 후예로 여기던 이탈리아인들은 비잔틴 문명과 계속 교류하면서 스테인드글라스 대신에 프레스코[53] 벽화나 모자이크 벽화 등을 발전시켜 나갔다.

중세의 유효기간이 얼마 남지 않았던 이 시기에 이탈리아 피렌체 근교에서 태어난 조토 디 본도네(Giotto di Bondone, 1267~1337)를 주목해야 한다. 그는 고대 이후 처음으로 자기 이름을 알린 화가였다. 절친이었던 시인 단테(Durante degli Alighieri, 1265~1321)는 유명한 『신곡』(神曲, La Divina Commedia)에서 조토의 이름을 언급했다. "그림에 있어 터줏대감이라 믿었던

그림 2 <옥좌의 성모>, 치마부에, 1280

치마부에마저도/이제는 조토가 이름을 날리기 시작하자/그 명성이 흐려지게 되었다."(단테, 『신곡』, 「연옥」 11: 94-96, 한형곤 옮김, 서해문집, 2005: 436)

뜬금없이 비교 대상으로 호출된 치마부에(Cimabue, 1240?~1302?)는 누구인가? 피렌체 화가들의 스승으로 이탈리아 비잔틴 미술을 대표하는 인물이다. 조토 역시 그에게서 배웠다. 그가 그린 <옥좌의 성모>(1280?)[그림2]는 피사의 성 프란체스코 성당의 제단화다.[54] 등장인물들의 표정이 경직돼 있고 마리아와 아기 예수가 다른 인물들(천사들)에 비해 훨씬 크게 그려졌다는 점에서 기본직으로 중세풍이지만, 특이하게도 나무로 된 옥좌만큼은 자세히 묘사

---

53 '프레스코'(fresco)는 벽면에 회(灰)를 칠한 다음, 그것이 마르기 전에 얼른 안료를 채색하는 기법이다. 이렇게 젖은 회반죽에 색을 입히면, 마른 회반죽에 칠하는 것보다 더 풍부한 색감을 얻을 수 있고 내구성도 좋아서 르네상스와 바로크 시대에 널리 활용되었다.
54 이 그림은 나폴레옹에 의해 프랑스로 옮겨졌다가 르네상스 초기 회화의 표본으로 인정받아 루브르가 사들였다.

돼 있다. 옥좌를 둘러싸고 좌우대칭으로 세 쌍의 천사들이 늘어선 구도도 옥좌의 공간감을 더해준다. 그러니까 단순한 평면에 관념적인 형상을 구현했던 중세 그림에서 벗어나 명암법과 원근법으로 3차원의 입체감을 구현한 르네상스의 맹아가 엿보인다는 말이다.

조토는 치마부에를 계승해 더욱 발전시켰다. 농부의 아들로 태어난 그는 원래 양치기 소년이었는데, 열 살 무렵에 우연히 바위에 그림을 그리는 모습을 치마부에가 보고 뛰어난 재능에 탄복해 제자로 삼았다는 전설(?)이 전해진다. 조토의 <애도>(1304-1306)그림3는 이탈리아 파도바에 있는 스크로베니 예배당에 그린 프레스코화 연작의 일부다.[55] 십자가에 못 박혀 죽은 예수를 땅으로 내린 뒤 가족과 제자들이 애도하는 장

그림3 <애도>, 조토, 1304-06

면이다. 성모 마리아가 예수의 목을 감싸 안고 비통하게 바라본다. 그녀의 뒤에 서 있는 여인은 고개를 떨군 채 두 손을 모으고 슬퍼한다. 예수의 발을 만지며 애통해하는 제자는 막달라 마리아이다. 등장인물들의 얼굴에 표정이 살아있다! 각자 취한 동작도 제각각이다. 하늘에서 내려오는 천사는 작게 그렸다. 하늘 역시 금색이 아니라 파란색이다. 드디어 중세 성화와 완전히 다른 장르가 탄생했다.

조토의 다른 그림 <무구한 이들의 학살>(1304-1306)그림4은 헤롯 왕에 의한 유아학살 장면을 그렸다. 왼쪽 높은 데서 손을 뻗치고 있는 이가 헤롯 왕일 것이다. 아래쪽으로는 벌써 살해된 아기들의 주검이 즐비하다. 엄마 품에 안겨 버둥대는

---

55 스크로베니 예배당(Scrovegni Chapel)은 상인이자 고리대금업자로 부자가 된 엔리코 스크로베니가 자신의 대지 한쪽에 지은 작은 예배당이다. 조토의 <최후의 심판>(1304~1306)에는 스크로베니가 성모 마리아에게 이 예배당을 바치는 모습이 삽입돼 있다.

그림4 <무구한 이들의 학살>, 조토, 1304-06

아기의 다리를 군인이 재빠르게 잡아채 칼을 휘두른다. 르네상스 화가들에 비하면 조악하지만, 그래도 감정 표현만큼은 공을 들여서 아이 잃은 어머니들의 비통함이 그대로 전달된다.

피에타

입체파 화가 피카소(Pablo Ruiz Picasso, 1881~1973)가 <한국에서의 학살>(1951)그림5을 그렸다. 6·25전쟁 당시 황해도 신천에서 미군에 의해 저질러진 양민학살을 모티브로 삼았다. 이미 <게르니카>(1937)를 통해 전쟁의 참상을 고발한 바 있는 그가 한반도에서 벌어진 남북전쟁에 관심을 가진 사실도 놀랍지만, 군대 폭력의 문제를 정확하게 꼬집었다는 건 더욱 놀라운 일이다. 사람의 시선은 무의식적으로 왼쪽에서 오른쪽으로 이동하기 때문에, 오른쪽에 있는 인물보다 왼쪽에 있는 인물에 더욱 공감하기 쉽다. <한국에서의 학살>에서 피카소가 왼쪽에 피해자를, 오른쪽에 학살자를 배치한 것은 그 때문이다.

스페인 낭만주의 화가 고야(Francisco José de Goya y Lucientes, 1746~1828)의 <1808년 5월 3일의 학살>(1814)그림7도 똑같은 배치로 그려져 있다. 낭만주의라는 용어 자체가 인간의 격정적인 감정, 곧 '칠정'을 아무런 제약 없이 화

그림 5 <한국에서의 학살>, 피카소, 1951

폭에 담았다는 뜻이므로,[56] 왼쪽에 배치된 사람들의 공포가 이 그림의 주제다. 바로 전날 마드리드 시민들이 나폴레옹 군대를 막기 위해 봉기했다.^{그림6} 이에 대한 응징으로 프랑스군이 반란자들을 처형한다. 한데 지금 죽을 운명에 처한 자들은 대부분 단순 구경꾼들이었다. 주로 힘없는 노인이나 병약한 사람들, 어린이들이 '무고하게' 보복 학살의 희생자가 되었다.

때는 바야흐로 새벽 4시. 칠흑 같은 어둠 속에서 처형이 감행된다. 허리에는 긴 칼을 차고 가죽 코트에 침낭을 둘러멘 프랑스군이 단검을 장착한 총을 겨누며 무력을 과시한다. 우리는 이들의 등만 볼 수 있을 뿐, 표정을 읽을 수 없다. 이 학살을 막으려면 정부 또는 교회가 나서야 할 텐데, 부패한 정부와 무력한 교회는 약자들의 희생 따위 아랑곳하지 않는다. (군인들 너머로 저 멀리 희미하게 보이는 관청과 교회가 리리아 궁전과 산 조아킨 수도원이다.) 이처럼 기막힌 상황 속에서, 거역할 수 없는 절대 악 혹은 부조리한 운명에 처한 인간에게 희망의 빛은 과연 어디서 올까?

---

56 도덕적 교훈과 숭고한 메시지를 위해 완전하고 지고한 미를 창출했던 과거의 예술, 즉 '고전주의'와 달리 예술가가 보고 느끼는 자율 의지에 따라 형상을 창조하는 화풍을 '낭만주의'라 부른다. 그 시초가 앵그르(Jean-Auguste-Dominique Ingres, 1780~1867)인데, 고전주의를 계승하면서 서구 회화의 경향을 이성에서 감정 표현으로 전환하는 계기를 마련했기에 '고전적 낭만주의자'라고 말한다. 그의 걸작 중 하나인 <그랑드 오달리스크>(1814)를 참고할 것.

그림 6 <1808년 5월 2일 : 맘루크의 돌격>, 고야, 1814

이 그림에서는 빛이 하늘에서 내려오지 않는다. 프랑스군 앞에 놓인 네모난 등불이 사방을 밝힌다. 인공적인 빛은 그 빛을 장악한 자들의 도구다. 학살을 돕는 수단으로 이용된다. 하지만 그래도 그 빛 덕분에 우리는 왼쪽에 있는 사람들의 생생한 표정을 읽을 수 있다. 경악과 분노, 공포와 환멸이 뒤엉킨 표정 말이다. 머리 스타일이나 옷차림이 성 프란시스코회 수사를 연상시키는 왼쪽 남자는 무릎을 꿇고 두 손을 모았는데, 부릅뜬 눈이 마치 절규하는 것처럼 보인다. "하나님, 왜 우리를 버리십니까?"

그러나 빛이 가장 환하게 반사된 인물은 역시 두 팔을 번쩍 들고 서 있는 남자다. 자세히 보면 손바닥이 움푹 패어 있다. 옷은 또 어찌나 환하게 빛나는지, 십자가에 매달려 처형당한 예수 그리스도가 떠오른다. 그의 얼굴을 가까이 보라. 이 표정은 슬픔이다. 원망이나 미움보다는 슬픔과 연민이 가득하다. 야만적인 폭력의 광기에 희생당한 무고한 사람들에 대한 연민, 그리고 살인 기계로 전락한 군인들에 대한 슬픔이 배어있다.

그림 7 <1808년 5월 3일의 학살>, 고야, 1814

　다시 피카소의 <한국에서의 학살>을 보자. 순진무구한 어린이들과 임산부, 한창 꿈 많은 소녀에게 총구를 겨눈 군인들은 차라리 살인 로봇이지 사람이 아니다. 왼쪽에 있는 우는 여인은 피카소가 그린 <우는 여인>(1937)과 겹쳐 보인다. 피카소는 자신의 다섯 번째 연인이자 사진작가인 도라 마르(Dora Maar, 1907~1997)를 모델로 이 그림을 완성했는데, 게르니카(스페인 바스크 지방의 소도시)가 독일 나치에 의해 폭격당했을 때 자식을 잃은 어머니의 비통한 심정을 표현했다.

　같은 계보에 케테 콜비츠(Käthe Schmidt Kollwitz, 1867~1945)의 <비통한 부모>(1932)^{조각1}가 있다. 독일 표현주의 화가이자 판화가요 조각가인 그녀는 1차 세계대전에 참전한 두 아들 중 한 아들을 잃었다. 의사인 남편 카를은 아들들의 자원입대를 반대했으나, 이런 태도가 가족이기주의라고 생각한 그녀는 아들들의 참전을 막지 않았다. 그런데 그만 작은 아들 페터가 플랑드르(벨기에) 전투에서 사망한 것이다.

감정 143

대의를 위해 목숨을 바치는 건 고귀한 행동이라고 여겨온 콜비츠는 자식의 죽음 앞에서 망연자실했다. 전쟁에 과연 대의가 있는가? 국가가 무엇이기에 내 새끼를 잡아다가 죽음의 신에게 헌납하는가? 묻고 또 물었다. 1차 세계대전이 끝나자 콜비츠는 <전쟁>(1919~1922) 연작판화를 제작했다. 자식을 전쟁터로 끌고

조각 1 <비통한 부모>, 콜비츠, 1932

가는 이념의 선동, 남겨진 자들의 슬픔이 주요 주제였다. 그의 예술은 이제 '반전'(反戰) 운동과 결부됐다. <비통한 부모>는 그 연장선에 있다. 보는 것만으로도 숨이 막힐 듯한 고통의 표현이 압권이다. 이 작업은 <피에타>(1937)[조각2]로 이어진다.

피에타(Pietà)는 이탈리아어로 '슬픔, 비탄'을 뜻하는데, 서양미술사에서는 일반적으로 성모 마리아가 십자가에서 내린 예수를 안고 있는 도상을 통틀어 그렇게 부른다. 미켈란젤로가 스물네 살 때 제작한 <피에타>(1498~1499)[조각3]가 가장 유명하다. 미켈란젤로는 피에타를 조각하면서 혁신적인 시도를 감행했다. 전통적인 피에타, 예컨대 <뢰트겐 피에타>(1350)[조각4]가 관람자로 하여금 자기 죄를 깨닫고 예수가 보여준 희생에 감사하는 태도를 지니게 하려는 의도가 다분하다면, 미켈란젤로의 <피에타>는 예수가 당한 폭력보다도 어머니의 희생을 숙고하도록 이끈다. 마리아의 젊은 얼굴과 표정, 그리고 약간 숙인 고개와 살짝 든 손은 <수태고지>의 전형을 떠올리는데, 이는 마리아가 하나님의 아들을 잉태한 순간부터 자기 몫의 고통을 기꺼이 받아들였음을 암시한다.

콜비츠의 <피에타>는 미켈란젤로를 떠올리지만, 신학적 고상함 대신에 인간적 슬픔이 돋보인다. 죽은 자식을 안고 있는 세상의 모든 어머니야말로 성모 마리아라고 말하는 것 같다. 어머니의 품에 안긴 아들의 자세는 사람이 자궁에서 태어날 때의 모습을 연상시킨다. 영원한 모성 회귀의 욕망에 반전(反戰) 메시지가 담겨 있다. 콜비츠는 2차 세계대전이 한창이던 1942년에 손자마저 전사하는 아픔

조각 2 <피에타>, 콜비츠, 1937
조각 3 <피에타>, 미켈란젤로, 1498-99
조각 4 <피에타>, 뢰트겐, 1350
그림 8 <씨앗들이 짓이겨져서는 안 된다>, 콜비츠, 1942

을 겪는다. 이 손자의 이름도 페터다. 장남 한스가 죽은 아우의 이름을 따서 붙였다. <씨앗들이 짓이겨져서는 안 된다>(1942)^{그림8}는 우리의 '페터들'이 더 이상 희생돼서는 안 된다는 강력한 의지를 담았다. 두 눈을 부릅뜬 어머니가 마치 암탉이 병아리를 품듯이 어린 자식들을 보호하려고 애쓰는 모습이 애잔하다. 슬픔을 밑절미 삼아 다시 일어서려는 부활의 소망이 엿보인다.

슬퍼하는 자는 복이 있나니

그러니까 나는 지금 '감정'에 대해 이야기하는 것이다. 우리 문화는 감정에 호의적인 자리를 내주지 않는다. 유교가 시민종교의 지위를 차지하고 있는 탓인지, 부부지간에도 감정 표현이 야박하다. 니체 식으로 말하면, '디오니소스적인 것'(감정, 충동)보다는 '아폴론적인 것'(이성, 질서)을 이상적으로 여기는 경향이 있다. 그래서 사회 곳곳에 군대 문화가 스며있다는 인상을 지울 수 없다. 최근 충격적으로 드러난 스포츠 폭력은 군대 문화의 부정적 확장이다.

군대는 사람을 로봇으로 만든다. 감정을 개입시키지 말고 무조건 명령에 복종하는 기계 말이다. 감정은 사치에 불과하다. 쓸데없이 에너지를 낭비하는 것이다. 감정은 소중하지 않다. 군대 조직이 몰인간적인 까닭은 일차적으로 인간에게서 감정을 거세하기 때문이다. 어디 군대만 그런가? 회사도 마찬가지다. '회사인간' 역시 감정이 불필요하다. 회사인간의 존재 목적은 오로지 회사를 이롭게 하기 위해서다. 한데 회사란 상상의 실재여서 이로움의 수혜자가 명확하지 않다. 그럴까 봐 사주가 등장한다. 회사 주식의 전부는커녕 이십몇 퍼센트만 갖고 있어도 '오너'(주인) 행세를 한다. 2014년 미국 뉴욕 케네디 공항을 향해 이륙하던 대한항공 비행기가 '땅콩 회항'을 한 사건은 오너가 회사인간에게 요구하는 게 무엇인지를 정확히 보여준다. 감정을 갖지 말라는 거다. 모욕감이 들더라도 표정에 드러나면 안 된다.

한 마디로 노예가 되라는 뜻이다. 고대 노예제 사회에서 노예에게는 감정이 허용되지 않았다. 영혼이 없다고 보았기 때문이다. 영혼이 없는데, 종교가 있을 턱이 없다. 고대 국가들의 만신전(萬神殿, Pantheon) 어디에도 노예가 모시는 신의 개념이나 형상이 존재하지 않았다. 이집트만 해도 오시리스(Osiris) 신의 은 덕으로 망자가 부활하기 위해서는 미라를 만들고 안치할 수 있을 만큼의 재력이 있어야 했는데, 어지간한 평민의 주머니 사정으로는 엄두도 내지 못할 거액이었다.

모세가 히브리 노예들을 이끌고 광야로 나아가 하나님을 '예배'한다고 했을 때(출애굽기 7:16; 8:1; 8:20 등) 이집트 파라오가 코웃음을 친 것은 이런 연유다. 감정도, 영혼도 없는 노예들이 신을 예배한다니, 이 무슨 '자다가 봉창 두드리는 소리'란 말인가? 야훼가 노예들의 하나님이라니, 만신전의 족보에도 없는 신을 감히 뉘 앞에서 거명하는가? 이쯤 되면 고대 노예제 사회에서 성서가 지녔을 파괴력을 충분히 짐작할 수 있겠다. 성서는 애초에 반(反)문명의 세계관을 장착한 채 세상에 나왔고, 오고 오는 세대의 그리스도인들에게 그 '좁은 길'을 걷게 하는 책이다.

지금은 표면적으로 노예제가 사라진, 이른바 민주주의 시대다. 모든 인간이 법 앞에 평등하다고, 헌법에 보장돼 있다. 그런데도 어째서 '감정노동'이라는 말이 심심찮게 들려올까? '고갱님'(고객)의 기분을 상하게 하지 않기 위해 노동자의 감정을 죽여야 한다면, 이것이 바로 신노예제가 아니고 무엇인가?

자기가 억압된 상태에 있는지 아닌지를 알 수 있는 일차적인 시험지가 있다. 바로 감정을 살피는 일이다. 내가 순간순간 느끼는 감정을 있는 그대로 표현하지 못할 때 나는 억압을 당하고 있는 거다. 군대나 회사 조직만 그럴까? 학교도 마찬가지이고 교회도 그렇다. '시'자 붙은 사람들 앞에서 억울해도 말 한마디 하지 못한다면, 이 역시 억압이다. '82년생 김지영'의 정신병적 우울감이 이 억압에서 비롯되지 않는가?

반면 상대방의 감정을 헤아릴 줄 모른다면 폭군일 공산이 크다. 니체의 사상을 알기 쉽게 풀이한 책에 이런 글귀가 나온다.

> 노예는 어떠한 주체성도 없이 다른 사람에게 복종한다. 따라서 그는 자신뿐 아니라 다른 인간에게 삶의 새로운 가능성을 열어줄 수 없다. 따라서 그는 친구, 즉 상대방의 성장을 도울 수 있는 인간이 될 수 없다. 이에 대해서 폭군은 자신의 독단에 사로잡혀 있는 자이며 어떠한 비판도 수용하지 않으려는 자이

다. 그는 자신을 비판하는 친구를 거부하며 오직 복종하는 인간만을 필요로 한다. 그는 다른 사람들이 자신에게 복종하는 데서 기쁨을 느끼며 복종하지 않으면 불안과 공포를 느낀다. 그의 기쁨은 자신의 내적인 충만에서 우러나는 것이 아니라 다른 인간들의 복종에 의존하는 것이기에 그는 복종하는 인간들에게 예속되어 있다.(박찬국, 『그대 자신이 되어라』, 부북스, 2018: 120-121)

빈센트 반 고흐는 제도권 미술 교육을 신뢰하지 않았다. 1885년에 벨기에 안트베르펜에 자리한 미술아카데미에 잠시 몸담았으나 이내 때려치웠다. 이를테면, 해골을 그리는 수업이 그에게는 영 부자연스럽게 느껴졌다. 해골 스케치는 인체의 해부학적 구조를 탐구하기 위해 꼭 필요한 과정이라고, 교수나 학생이나 입을 모아 상찬했지만, 그는 수업시간을 증오했다. 이 죽은 뼈, 어떤 감정도 느껴지지 않는 해골은 생명력 없는 제도권 예술의 상징일 뿐이었다.

이에 저항하는 의미로 빈센트는 <담배를 물고 있는 해골>(1885)^{그림9}을 그렸다. 그냥 물고만 있는 게 아니다. 담배에서 연기가 모락모락 피어난다. 해골이 담배를 피다니! 자세히 보면 해골의 두상이 빈센트 자신을 닮은 거 같기도 하다. 나름대로는 죽은 뼈에 생명을 불어넣는다고 한 일인데, 교수들의 눈에는 맹랑하게 보였나 보다. 다른 학생에 비해 훨씬 나이가 많은, 미술 교육을 받기에는 이미 늦어버린 골치 아픈 학생의 유치한 장난으로 폄훼했다. 결국 빈센트는 죽은 예술이 아니라 살아있는 예술을 하기 위해 학교를 박차고 나온다.

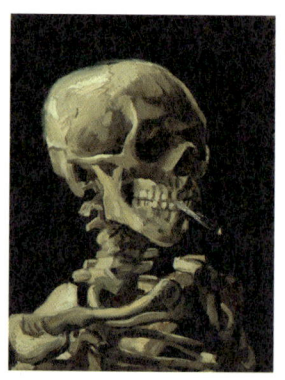

그림 9 <담배를 물고 있는 해골>, 고흐, 1885

> 농민이나 넝마주이를 그리는 것보다 더 단순한 일은 없을 것처럼 보이지만, 그러나 일상의 인물만큼 그리기 어려운 주제도 없어. 내가 아는 한, 땅을 파거나 씨앗을 뿌리는 사람, 화덕에 냄비를 올려놓는 여자, 바느질을 하는 여자를 소묘하고 유화로 그리는 방법을 가르치는 미술학교는 하나도 없어.
> (편지 522, 1885.7.)

빈센트는 평범한 보통사람들에게 매달렸다. 그러나 사진 찍듯이 정확하게 묘사하는 데는 전혀 관심이 없었다. 인물의 감정과 고유한 개성이 표현되려면 변형과 재구성, 전환의 과정을 거치지 않으면 안 되었다. 그가 끝까지 놓치지 않은 것은 인물의 영혼이었다.

빈센트가 그린 <영원의 문에서>(1882, 1890)^{그림10, 11}를 보면, 이런 그의 신념이 잘 묻어난다. 고흐는 한 남성 노인이 난롯불 옆에 앉아 얼굴을 두 손에 파묻고 있는 모습을 하나는 목판화로, 또 하나는 유화로 표현했다. 제목을 보지 않으면, 우리는 그가 왜 이렇게 괴로운 자세를 취하고 있는지 짐작하기 어렵다. 하지만 빈센트가 달아놓은 제목 덕분에 관람자는 그의 감정과 영혼을 소중히 여기게 된다. 가난에 찌든 가난한 사람들이 일상의 한가운데서 세속의 욕망에 몸부림치는 대신에 영원에 사로잡혀 존재가 고양되는 경험을 한다는 건 얼마나 위대한 일인가?

빈센트는 1882년 1월부터 시앵(Sien, 본명은 Christine Clasina Maria Hoornik, 1850~1904으로 알려져 있다.)이라 불린 여성과 동거했다. 헤이그 빈민가 출신의 그녀는 어릴 때 아버지를 여읜 뒤 교회 구호시설로 보내졌다. 어느

그림 10 <영원의 문에서>, 고흐, 1882   그림 11 <영원의 문에서>, 고흐, 1890

정도 자라서는 거리에서 몸을 팔며 어머니와 동생들을 부양해야 했다. 빈센트를 만났을 때 그녀는 이미 다섯 살 된 딸을 데리고 임신한 상태였다. 그전에도 세 명의 아이를 더 낳았으나 모두 죽고 말았다. 그녀의 불행 자체가 빈센트를 잡아끄는 힘의 원천이었다.

<슬픔>(1882)^{그림12}은 시앵을 향한 빈센트의 시선이 응축된 작품이다. 한낱 매춘부라고 손가락질하는 사람들을 향해 빈센트는 외친다. 당신은 한 번이라도 그녀의 '슬픔'을 들여다본 적이 있느냐고. 빈센트는 그녀를 사랑했다. 그녀의 슬픔을 사랑했다. 그녀와 친구가 되고 싶었다. 그림으로써 서로를 구원할 수 있기를 바랐다. 서로가 서로에게 더 높은 자기를 낳도록 자극하고 격려하며 지지하는 관계, 그렇게 서로를 창조하고 싶었다.

그림 12 <슬픔>, 고흐, 1882

이 순수한 욕망은, 그러나, 오래 가지 못했다. 모두가 빈센트의 눈을 가진 건 아니기 때문이다. 그래서 슬프다. 슬픔은, 스피노자에 의하면 "어떤 타자가 나의 삶의 의지를 꺾으려고 할 때 발생하는 감정"이다.(강신주, 『강신주의 감정수업』, 민음사, 2013: 33) 세상에 태어난 이래 모든 인간은 누구나 매 순간 이 감정의 늪에서 허덕인다. 아니 이 감정을 모르는 사람은 아예 인간이 아니다. 그러니 슬픔에는 유효기간이 없는 것이다. 살아있는 동안에, 살아있기 때문에, 우리는 슬픔을 느낀다. 내가 슬프다는 것, 네가 슬프다는 것, 함께 슬퍼할 줄 알기에 우리가 인간이라는 것, 이걸 깨닫는 게 진리다.

> 슬퍼하는 자는 복이 있나니
> 슬퍼하는 자는 복이 있나니
> 슬퍼하는 자는 복이 있나니
> 슬퍼하는 자는 복이 있나니
> 슬퍼하는 자는 복이 있나니
> 슬퍼하는 자는 복이 있나니
> 슬퍼하는 자는 복이 있나니
> 슬퍼하는 자는 복이 있나니
>
> 저희가 영원히 슬플 것이오.
> (윤동주, <팔복, 마태복음 5:3-12>)

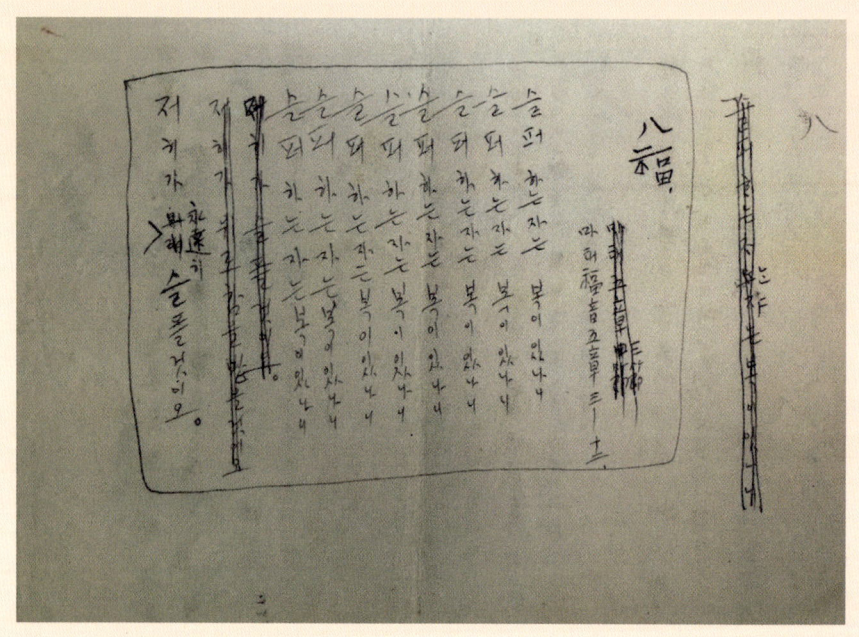

<팔복>, 윤동주, 1940 육필 원고

10. 허무

모든 것이 헛되나, 이것 하나만은

10. 허무
- 모든 것이 헛되나, 이것 하나만은

화가의 유쾌한 복수

독일 화가 한스 홀바인(Hans Holbein, 1497~1543)은 16세기 북유럽 최고의 초상화가로 손꼽힌다. 『유토피아』를 쓴 토마스 모어(Thomas More, 1478~1535)의 초청으로 영국에 건너가 헨리 8세의 궁정화가가 되었다. 그의 작품 가운데 <대사들>(1533)그림1은 영국 왕실에 파견된 두 명의 대사를 그린 것이다. 한 사람은 영국 주재 프랑스대사였던 장 드 댕트빌(Jean de Dinteville)이고, 다른 사람은 대사를 겸직한 주교 조르주 드 셀브(George de Selve, 프랑스 남부의 라보르(Lavaur) 지역 주교)로 알려져 있다.

나의 개인적 취향으로는 초상화가 부담스럽다. 누가 사진을 찍자고 하면 도망갈 궁리부터 하는 터라, 초상화에 얼굴을 올리는 사람들이 마냥 신기하게 보인다. 얼마나 자기 얼굴에, 아니 자기 삶에 자신이 있으면 저렇게 할 수 있을까 싶다. 물론 가난한 화가들이 모델료가 없어서 자기 얼굴을 화폭에 담는 건 얼마든지 용서할 수 있다. 그건 공부 또는 수행의 과정이니까. 내가 말하는 건 당대 최고 화가에게 비싼 값을 치르고서 자기 얼굴을 불멸의 작품으로 남기려는 사람들의 욕망이다.

두 남자가 탁자를 사이에 두고, 각자 한쪽 팔을 탁자 위에 걸친 자세로 관람자들을 바라본다. 최대한 겸손을 가장했지만, 태도 자체가 자만심이 팍팍 풍긴다. 왕을 전담하는 궁정화가가 지금 자기들을 그리고 있다. 그것도 대문짝만한 크기로. (무려 2미터가 넘는 대작이다.) 그들의 지위가 그만큼 높다는 증거다.

왼쪽 남자는 비단옷에 흰 담비 털 망토를 걸쳤다. 왕실에서 받은 훈장 목걸이가 금빛으로 빛난다. 손에 든 칼집에는 29라는 숫자가 새겨져 있다. 젊은 나이에 이 정도 출세했으면 세상 다 가진 얼굴을 해도 되는 것 아니야, 반문하는 거 같다. 오른쪽 남자는 댕트빌의 친구다. 열여덟 살에 주교 자리에 올랐다고 하니, 입이 떡 벌어진다. 그 쪽으로 놓인 책에 25라는 숫자가 적혀 있다. 주교의 현재 나이다. 걸친 외투도 그냥 소박한 사제복이 아니다. 안쪽 털의 윤기가 자르르하고

그림 1 <대사들>, 홀바인, 1533

바깥 천의 무늬가 고급스러운 게 디자이너 작품처럼 보인다.

탁자 위의 소품들은 두 사람의 요청으로 진열되었을 것이다. 위 탁자에는 천구의, 원통형 달력, 시간과 천문을 측정하는 토르퀘툼(Torquetum, '투르켓'(Turquet)이라고도 부른다)과 해시계가 놓여있다. 아래 탁자에는 지구의와 찬송가 책, 현악기 류트(lute)와 관악기 플루트(flute)가 있다. 이건 단순히 사사로운 취향의 문제가 아니다. 이 소품들을 늘어놓으면서 두 사람이 관람자들에게 전달하고 싶은 메시지는 분명하다. 르네상스 이후 서양문명의 대변자로서 과학기술과 기독교를 가지고 세계 정복을 이루겠다는 당돌한 지배욕이 깔려 있다. 다시 보니, 눈빛이 관람자를 살짝 내려다보고 있는 것 같기도 하다.

이러한 우월의식이 화가를 불편하게 만들었을까? 홀바인은 이들에게 깜찍한 복수를 했다. 자세히 보면 류트의 줄이 끊어져 있다. 현악기의 생명은 줄이므로, 그 줄이 끊어졌다는 건 죽음을 암시한다. 한술 더 떠서 바닥에는 대각선 모양의 희끄무레한 물체가 얼룩처럼 그려져 있다. 정면에서 보면 그게 뭔지 전혀 알 수가 없다. 하지만 고개를 오른쪽으로 기울여 바라보면, 소름 끼치는 실체가 드러난다. 해골이다! 홀바인은 해골을 암호처럼 집어넣어, 이 젊은 엘리트들의 기고만장한 자기만족이 얼마나 헛된 것인지를 지적한다. 이 그림의 힘은 바로 여기에 있다. 출세한 두 남자를 완벽하게 재현하는 기교만 부렸다면, 한낱 그렇고 그런 초상화에 머물렀을 것이다. 하지만 저들이 그토록 뿌듯하게 여기는 성취도 따지고 보면 물거품과 같이 덧없다는 메시지를 첨가함으로써 이 그림은 심오한 인문의 향기를 담을 수 있었다.

덧없음 혹은 헛됨을 적극적으로 깨우치는 성서가 전도서다. 전도서는 첫 장을 열자마자 이렇게 시작한다. "전도자가 말한다. 헛되고 헛되다. 헛되고 헛되다. 모든 것이 헛되다."(전도서 1:2) 헛되다는 표현이 무려 다섯 번이나 반복된다. 히브리말로는 '헤벨'인데, '바람이 불다, 숨을 쉬다, 헛되다'는 뜻을 지닌다. 연기, 안개, 아지랑이같이 금방 사라지고 마는 기체를 가리킨다. 창세기 4장에서 인류 최초의 살인범 가인에 의해 죽임당한 '아벨'의 히브리어 발음도 헤벨이다. 성서 무대에 등장하자마자 허무하게 사라졌기 때문일까?

영어 성경(킹제임스 성경, KJV)은 이 구절을 "베니티 오브 베니티즈, 올 이

즈 베니티"(Vanity of vanities, all is vanity)라고 번역했다. 영화 중에 <베니티 페어> (Vanity Fair, 2004)가 이 주제를 효과적으로 변주한다. 미모를 이용해 신분 상승을 꾀한 여인의 욕망과 허영이 얼마나 헛된 것인지를 다룬다. 라틴어 성경(불가타역)은 그 구절을 '바니타스 바니타툼, 옴니아 바니타스'(Vanitas vanitatum, omnia vanitas)라고 옮겼다. 여기서 따온 예술 장르가 '바니타스'다. 죽음을 상징하는 해골, 시간의 유한성을 암시하는 모래시계, 부패를 나타내는 썩은 고기나 과일, 덧없는 비눗방울이나 거품, 연기, 촛불 등이 그림에 등장하면 십중팔구 바니타스 주제를 전한다고 보면 맞다.

그까짓 모자

렘브란트는 <툴프 박사의 해부학 교실>(1632)이 대성공을 거두는 바람에 암스테르담의 스타 화가로 떠올랐다.(이 책의 '죽음' 꼭지를 볼 것) 스물여섯 살 때 기적처럼 찾아온 성공은 어떤 맛이었을까? 홀바인의 <대사들>에 나오는 두 남자처럼 '세상아, 비켜라, 내가 왔다' 어깨에 힘을 주고 으스대지 않았을까?

한데 이듬해에 그린 성화를 보면 딱 그런 것 같지 않다. <갈릴리 바다 폭풍 가운데 있는 예수와 제자들>(1633)^{그림2}은 공관복음(마태 8:23-27; 마가 4:35-41; 누가 8:22-25)에 나오는 기적 이야기를 그린 것이다. 예수가 씨앗의 비유를 가르친 뒤 배에 오른다. 이제 하나님 나라의 꿈을 품은 씨앗들과 더불어 여행을 떠날 참이다. 날은 이미 저물어서 어둠이 자욱하다. 갈릴리 바다를 건너야 하는데, 갑자기 '거센 바람'(광풍)이 불어닥친다. 파도가 배 안에까지 밀어닥쳐서 배에 물이 가득 찰 지경에 이르렀다.

제자들이 혼비백산한 건 당연지사. 다급하게 예수를 찾았더니, 글쎄, 고물에서 베개까지 베고 잠들어 있는 게 아닌가! 제자들이 예수를 깨우며 말한다. "'선생님, 우리가 죽게 되었는데도, 아무렇지도 않으십니까?' 예수께서 일어나 바람을 꾸짖으시고, 바다더러 '고요하고, 잠잠하여라' 하고 말씀하시니, 바람이 그치고, 아주 고요해졌다."(마가복음 4:38-39)

렘브란트의 그림은 이 상황을 재현한 것이다. 전체 구도가 삼각형이어야 안정적인데, 이 그림에서는 삼각형의 위 꼭짓점(돛대)이 오른쪽으로 쏠려 있다. 그

그림 2 <갈릴리 바다 폭풍 가운데 있는 예수와 제자들>, 렘브란트, 1633

덕분에 왼쪽 꼭짓점(뱃머리)이 덩달아 들려 올라 불안감을 더한다. 렘브란트는 이 부분을 가장 밝게 처리해, 우리의 시선이 파도로 쏠리도록 유도한다. 삶에 닥친 고난에 압도되어 아무것도 보이지 않는 암담한 순간에 당신은 어떤 태도를 보일 거냐고 묻는 듯하다.

뱃머리의 다섯 명은 파도에 맞서 싸운다. 어떻게든지 배의 균형을 잡기 위해 돛대를 붙잡고 씨름한다. 그 반대편 고물 쪽에도 예수를 둘러싸고 다섯 명이 포진해 있다. 파도를 보고 겁에 질린 사람, 예수의 멱살을 잡으며 따지는 사람, 예수에게 뭔가를 설명하는 사람, 예수는 쳐다보지도 않고 혼자 앉아서 기도하는 사람, 배 밖으로 몸을 내밀어 구토하는 사람, 모두 제각각이다. 예수가 앉은 오른쪽 맨 끝에는 배의 키를 잡고서 안간힘을 쓰는 사람도 보인다.

흥미로운 건 이들 두 그룹 사이에 낀 두 사람이다. 그 가운데 한 명, 흰옷을 입은 사내는 배 밑에 숨을 공간이 있는지 탐색한다. 여기까지만 해도, 예수를 제외하고 열두 명이다. 열두 제자가 다 그려져 있는데, 나머지 한 사람, 우리와 눈을 마주치고 있는 푸른 옷의 사내는 대체 누구란 말인가?

오른손으로 돛 줄을 붙잡고 왼손으로 모자를 움켜쥔 이 사내가 바로 렘브란트다. 배가 뒤집히게 생겼는데, 모자가 대수인가? 생사(生死)가 걸린 판에 모자 걱정이나 하다니, 얼마나 한심한가? 렘브란트는 자기 자신을 구제 불능의 어리석은 제자로 표현했다. 그의 성서 읽기는 언제나 이런 식이다. 성서를 오래된 옛이야기가 아니라 지금 자기 삶에서 벌어지고 있는 하나의 사건으로 읽는다. 모자는 권위, 권력, 신분, 계급 따위를 상징한다. 군인들의 모자를 떠올리면 쉽게 알 수 있다. 그러니까 렘브란트의 모자는 그의 높아진 몸값을 의미한다. 그의 이름에 인기 있는 화가, 성공한 화가라는 프리미엄이 얹어졌다. 명성을 움켜쥐느라 생명을 놓친다면, 이 얼마나 허망한 짓인가?

렘브란트는 열아홉의 나이에 독립화가의 길을 선언했다. <스데반의 순교>(1626) _{그림3}가 그의 이름을 새겨넣은 첫 작품이다. 수많은 등장인물 가운데 그의 얼굴도 있다. 두 팔을 활짝 벌리고 죽음을 영접하는 스데반의 머리 뒤로 돌을 하늘 높이 쳐든 두 남자의 겨드랑이 아래 정면을 바라보는 이가 렘브란트다. 이 장면에서 화가인 자기 역할은 스데반의 죽음에 대해 그림으로 말하는 일이라고 외치는 듯싶다. 렘브란트에게 '붓을 든 신학자'라는 수식어가 달린 건 그 때문이다. 그는 성서에 적힌 문자 너머 하나님의 뜻을 증언하기 위해 인문학적 상상력을 마음껏 발휘한다. 복음서가 예수에 관한 전기라기보다는 예수의 삶과 가르침에 관한 신학이듯이, 렘브란트의 그림 또한 그의 신학이었다.

이듬해에 나온 그림이 <어리석은 부자>(1627)[그림4]다. 누가복음 12장에서 예수가 "너희는 조심하여, 온갖 탐욕을 멀리하여라. 재산이 차고 넘치더라도, 사람의 생명은 거기에 달려 있지 않다"(15절)는 가르침을 전한 뒤 비유를 들어 설명하는 대목에 이 부자가 등장한다. 이미 부자인데, 재물이 더 늘어나게 생겼다. 기왕에 있는 창고는 가득 차서 더 쟁여 넣을 수가 없었다. 요리조리 궁리하던 그는 마침내 매우 합리적인(!) 결론에 도달한다. "이렇게 해야겠다. 내 곳간을 헐고서 더 크게 짓고, 내 곡식과 물건들을 다 거기에다가 쌓아 두겠다."(18절)

누구나 그렇게 생각하지 않겠는가? 어느 교회에 교인이 가득 차서 넘치면, 더 큰 예배당을 지어 더 많은 교인이 몰려오도록 조처하지, 교인들을 나누지 않는다. 이 부자의 결정은 오늘날 자본주의 상식에 크게 어긋나는 것 같지 않다. 하지만 하나님의 뜻은 다르다. 하나님의 기준에서는 이 부자의 선택이 어리석음의 극치다. 왜냐면 그는 "오늘 밤에"(20절) 죽을 것이기 때문이다. 눈앞에 죽음이 닥쳤는데, 재물이 아무리 많은들 무슨 소용인가?

성서 시대에 안경이라는 문명의 이기가 있었을 리 만무하지만, 렘브란트는 부자의 눈에 안경을 씌웠다. 의도적으로 본문을 개작했다. 밤마다 장부를 들여다보느라 눈을 혹사했을 부자의 탐욕이 더 잘 드러나게 하는 장치다. 혹여 미풍에 꺼질까 봐 한 손으로 촛불을 가리고 있지만, 이 초는 얼마 못 가 꺼질 것이다. 아, 삶의 무상함이여! 집착의 덧없음이여!

그러고서 2년 뒤에 그린 <절규하는 유다>(1629)[그림5]가 드디어 임자를 만났다. '높으신 분'이 렘브란트의 진가를 알아보게 됐다. 당시 네덜란드에서 꽤 잘 나가는 학자이자 예술가로 명망 높은, 나중에 통령 프레데리크 헨드리크(Frederik Hendrik van Oranje, 1584~1647)의 개인 비서가 되는 콘스탄테인 하위헌스(Constantijn Huygens, 1596~1687)다. 그가 렘브란트를 통령에게 추천해, 통령의 주문으로 '그리스도의 수난' 시리즈를 제작하게 됐다. 렘브란트는 우선 <십자

그림 3 <스데반의 순교>, 렘브란트, 1625

그림 4 <어리석은 부자>, 렘브란트, 1627

그림 5 <절규하는 유다>, 렘브란트, 1629

가에 매달리는 그리스도>^그림6와 <십자가에서 내려지는 그리스도>(1633)^그림7를 그려 보냈다. 나머지 세 작품, 곧 <그리스도의 승천>(1636)^그림8, <그리스도의 매장>(1639)^그림9과 <부활>(1639)^그림10은 나중에 완성했다. 이런 와중에 <갈릴리 바다 폭풍 가운데 있는 예수와 제자들>(1633)^그림2을 그렸으니, '모자'의 의미가 더 생생하게 와 닿는다.

이쯤에서 놓쳐서는 안 될 중요한 사건이 하나 더 있다. 행운은 또 다른 행운을 동반하는 법인지, 렘브란트 인생의 절정기라 할 그 무렵에 결혼까지 하게 됐다. 1634년에 그의 아내가 된 사스키아(Saskia van Uylenburgh, 1612~1642)는 출신 성분이 렘브란트와 비교도 되지 않았다. 렘브란트의 아버지는 중소도시 레이든에서 방앗간을 운영하는 제분업자였던 데 반해, 사스키아의 아버지는 네덜란드 북부 프리슬란트주(州)의 중심도시 레이우바르던에서 시장을 역임한 거물이었다. 사스키아는 양친을 여읜 뒤 암스테르담에 와 삼촌 집에 머물렀는데, 그 삼촌이 바로 렘브란트를 독점 고용한 국제적인 화상(畫商) 헨드리크(Hendrik van Uylenburgh, 1587~1661)였다. 두 청춘 남녀가 한 집에서 함께 기거하게 됐으니 보는 순간 눈에서 불꽃이 튀지 않았겠는가?

렘브란트는 결혼하던 그해에 <플로라>(1634)^그림12를 그렸다. 사스키아를 봄의 여신 플로라(Flora)에 빗대었는데, 무엇보다도 머리 장식으로 꽂은 화려한 튤립(Tulip)이 눈길을 사로잡는다. 당시 네덜란드는 영화 <튤립 피버>(Tulip Fever, 2017)에 잘 그려져 있듯이 말 그대로 '튤립 광풍'에 휩싸여 있었다. 터키에서 수입된 튤립, 그중에서도 흰색 줄무늬가 선명한 희귀품종이 애호가들의 수집 대상이었다. 별명마저 '영원한 황제'(Semper Augustus)로 불린 이 튤립은 크기에 따라 송이당 3천에서 4천 2백 플로린에 거래됐는데, 당시 숙련공의 연봉이 3백 플로린이었던 걸 고려하면, 과연 '대박'이 아닐 수 없었다.

이제 우리는 프랑스의 바로크 화가 필리프 드 샹파뉴(Philippe de Champaigne, 1602~1674)가 그린 <해골이 있는 정물>(1640)^그림11에 어째서 튤립이 나란히 놓여있는지 알 만하다. 해골과 튤립만이 아니라 모래시계까지 있다! 거의 '바니타스 종합세트'인 셈이다. 이 탐욕스러운 자본주의 욕망의 정점에서 렘브란트는 무슨 생각을 했을까? 부유한 데다 아름답기까지 한 귀족 여인과 결혼했으

그림 6 <십자가에 매달리는 그리스도>
렘브란트, 1633

그림 7 <십자가에서 내려지는 그리스도>
렘브란트, 1633

그림 8 <그리스도의 승천>
렘브란트, 1636

그림 9 <그리스도의 매장>
렘브란트, 1639

그림 10 <부활>
렘브란트, 1639

그림 11 <해골이 있는 정물>, 샹파뉴, 1671

그림 12 <플로라>, 렘브란트, 1634

니 '인생 역전'에 성공했다고 좋아했을까?

탕자의 귀환

렘브란트의 자화상 두 점을 비교해보면 실마리가 풀릴 것 같기도 하다. 하나는 <강둑에 앉은 거지로 변장한 자화상>(1630)그림13이고, 다른 하나는 <동양풍 옷을 입은 자화상>(1631)그림14이다. 앞의 자화상에서 렘브란트는 튤립 열풍, 이른바 '거품경제'에 희생자가 돼 삶의 나락으로 떨어진 사람들과 자기를 동일시한다. 순간의 선택으로 가난해질 수는 있지만, 가난이란 부끄러워할 일이 아니라 분노할 일이라고 말하는 표정이다. 뒤의 자화상은 그의 그림에서 자주 발견되는 '셀프-디스'(Self-disrespect의 준말로 자기 자신을 스스로 깎아내린다는 신조어)의 일종이다. 외제 옷을 걸치고 뻐기는 허영심을 '개'에 빗대어 조롱한다. 이렇게

그림 13 <강둑에 앉은 거지로 변장한 자화상>
렘브란트, 1630

그림 14 <동양풍 옷을 입은 자화상>
렘브란트, 1631

렘브란트는 인간의 욕망을 솔직하게 인정하면서도 그 욕망의 부질없음 또한 명확하게 꼬집는다.

사랑해서 결혼했지만, 세상 사람들의 시선은 곱지 않았다. '그림쟁이'가 여자 잘 만나 출세했다며 수군거렸다. 무엇보다 사스키아 집안 친척들이 난리였다. '그림쟁이'가 아내의 재산을 탕진하고 있다고 손가락질했다. 렘브란트도 '한 성격'하는 터에 가만히 참고만 있지 않았다. 급기야 아내의 친척들을 법정에 세웠다. 그 무렵 나온 게 <탕자로 분장한 자화상>(1635, 혹은 '선술집의 방탕아'라고도 불린다)^{그림15}이다. 렘브란트가 그린 모든 자화상 가운데 가장 큰 이 그림에는 비밀이 숨겨져 있는데, 엑스선(X-Ray) 투사 결과, 사스키아와 렘브란트 사이에 '만돌린을 켜는 매춘부'를 그려 넣으려 했더란다.

사스키아 왼쪽에 얌전히 앉아있는 공작새는 사치와 방탕, 퇴폐를 상징한다. 벨

그림 15 <탕자로 분장한 자화상>
렘브란트, 1635

그림 16 <웃는 자화상>
렘브란트, 1628

벳처럼 윤기가 좌르르한 렘브란트의 모자에도 공작새 깃털이 꽂혀 있다. 렘브란트는 자신의 삿된 욕망을 애써 감추지 않는다. 세상 사람들이 자기 부부를 천하게 바라본들 어떠냐면서, 한 손은 아내의 허리를 음탕하게 끌어안고, 다른 손은 술잔을 높이 쳐들며 건배를 제안한다. 천재 화가가 젊은 나이에 성공해 호사스러운 생활을 하는 게, 게다가 젊고 아리따운 부자 아내를 맞아 천하를 다 얻은 듯 호령하는 게 뭐 그리 아니꼽냐고 호탕하게 웃어젖힌다.

이 웃음의 의미는 '자유'다. 대중의 평판이나 시선으로부터 자유로워지겠다는 선포다. <웃는 자화상>(1628)그림16을 보라. 이제 막 독립화가로 개인화실을 열고 명성과 상관없이 그림에 열중하던 시절에 그렸다. 이듬해 그린 <작업실의 화가>(1629)그림17는 그림 크기가 아담한 데 비해, 메시지는 장중하기 이를 데 없다. 캔버스를 자기 키보다 크게 그린 반면, 화가는 어린아이처럼 작게 그렸다. 화가로서의 소명이 온 존재를 내리누르지만, 화가는 투우사처럼 용감하게 캔버스를 마주 본다. 멀찍이 서서 감상하는 모양새가 캔버스 위에 뭔가 그려 있는 것 같기는 한데, 화가만 볼 뿐, 우리는 볼 수 없다. 세인의 시선과 아랑곳없이 자신의 복무에 충실하겠다는 결기가 느껴진다.

하여 그가 만년에 그린 <사도 바울로 분장한 자화상>(1661)그림 18은 렘브란트의 내밀한 속살이다. 그는 가톨릭을 상징하는 베드로보다는 프로테스탄티즘을 상징하는 바울을 더 많이 그렸다. 심지어 자기 자신을 바울에 비유했다. 이 그림에

그림 17 <작업실의 화가>
렘브란트, 1629

168 그림으로 신학하기

그림 18 <사도 바울로 분장한 자화상>
렘브란트, 1661

서 바울은 손에 성서를 들고 있다. 신약성서에 들어 있는 27권의 책 가운데 13편이 바울의 이름을 달고 있으니, 바울은 천생 신학자였다. 자세히 들여다보면 가슴에 품은 칼이 눈에 들어온다. 바울은 세 차례의 선교여행을 다니며 죽을 고비를 여러 번 넘겼다. 목숨을 내놓고 하나님의 선교에 복무했다. 렘브란트 자신도 그렇게 살아왔고 또 살고 있다는 거다. 이 당당함이야말로 그의 첫 작품 <스데반의 순교>에서부터 일관되게 흐르는 렘브란트의 자기 선언이다.

그는 정말 자화상을 많이 그렸다. 인생 후반부로 가면서 완전히 '폭망'하여 모델을 구할 돈이 없어서 그런 것도 있지만, 반드시 주머니 사정 때문이 아니다. 젊어서 한창 주가를 올릴 때도 자화상을 많이 그렸다. 화가에게 자화상이란 자기를 객관화하는 능력이다. 자기 속에 존재하는 또 다른 나와 대화하는 작업이다. 렘브란트의 자화상은 그가 평생토록 얼마나 자기 검열에 충실했는지를 보여준다. 특히 '잊혀진 화가'로 몰락한 뒤에 나온 자화상들은 렘브란트가 가난과 고난 속에서도 어떻게 '붓을 든 신학자'의 소명을 감당했는지를 묵묵히 증언한다.

허무

그림 19 <탕자의 귀환>, 렘브란트, 1669

그래서 <탕자의 귀환>(1669)^{그림19}은 렘브란트의 인생과 신학이 아우러진 최대 역작이다. 기독교인이 아니어도, 렘브란트라고 하면 이 그림을 떠올릴 만큼 널리 알려져 있다. 네덜란드 출신의 사제이자 영성가인 헨리 나우웬(Henri Jozef Machiel Nouwen, 1932~1996)이 미국 하버드대학교 교수를 때려치우고 가난한 장애인들과 평생을 보내기로 결단한 배경에도 이 그림이 있을 정도다.(헨리 나우웬, 『탕자의 귀향』, 최종훈 옮김, 포이에마, 2009) 도대체 이 그림에 어떤 비밀이 숨어 있기에 잘 나가던 사람의 인생을 바꾸었나?

탕자 이야기는 누가복음 15장에 나온다. 예수가 세상에 온 까닭이 '잃은 것/잃은 자'를 찾아 구원하기 위함임을 설명하는 맥락에서 '잃어버린 양', '잃어버린 동전'에 이어 '잃어버린 아들' 비유가 등장한다. 한데 비유라는 문학 장르가 원래 기존의 고정관념을 뒤집는 효과를 노리므로, 이 비유를 이해하기 위해서는 사전 조사가 필요하다. 아버지가 버젓이 살아 있는데 아들이 재산을 미리 상속해달라고 요구하는 경우에 당시 사람들은 어떻게 했는지 알아볼 필요가 있다.(아니 몰라도 상관없다. 그냥 우리 자신을 들여다보기만 해도 답이 나온다.)

이때 도움이 되는 자료가 외경 집회서다. '시라크서' 또는 '시라크의 지혜서'라고도 부른다. 우리나라 공동번역 성경에 들어있는 책 제목인 '집회서'는 초기 기독교 교부들이 교인들의 신앙생활에 도움을 주는 용도로 '교회'(우리말 '교회'는 그리스말로 '에클레시아'인데 그 자체가 '모임/집회'를 뜻한다)에서 사용하기 좋은 책이라는 뜻으로 붙였다.

이 책은 말 그대로 '지혜'를 다루는데, 특히 아버지가 자녀 앞에서 권위를 세우기 위해 어떤 지혜를 발휘해야 하는지가 상세히 제시된다. 보기를 들면 이런 식이다. "자식을 엄격히 키우는 사람은 덕을 볼 것이며 친지들 사이에서 그 자식이 자랑거리가 될 것이다. 자식을 잘 가르치는 사람은 원수들에게는 시기를 사지만 친구들 앞에서는 명예롭다. 이런 아비는 죽어도 죽지 않은 것과 같다. 자기와 같은 사람을 남겨 놓았기 때문이다."(집회서 30:2-4)

집회서의 아버지는 요즘 말로 '엄근진'이다. 엄격하고 근엄하며 진지해야 권위가 서지, 자녀를 친구처럼 허물없게 대해서는 절대 안 된다. "자식의 응석을 너무 받아주다가는 큰 화를 당하게 되고, 자식하고 놀아만 주다가는 슬픔을 맛보게 된다. 자식과 함께 웃다가는 같이 슬퍼하게 되고 마침내는 통곡하게 된다. 젊은 자식에게 너무 자유를 주지 말고 그의 잘못을 눈감아 주지 말아라. 자식이 젊을 때에 길을 잘 들이고 어릴 때부터 회초리로 키워라. 그렇지 않으면 고집만 자라서 말을 안 듣고 너에게 큰 고통을 안겨 줄 것이다. 자식을 엄격히 기르고 그를 단련시켜라. 그렇지 않으면 그의 추태로 네가 치욕을 당하게 될 것이다."(집회서 30:9-13)

집회서는 아버지가 잘못된 처신으로 자녀에게 능멸 받을까 봐 이렇게 조언한다. "너는 아들이건 아내건 형제건 친구건, 네가 살아 있는 동안에는 아무에게도 권력을 양도하지 말아라. 너의 재산을 아무에게도 주지 말아라. 나중에 그것이 아쉬워 후회할 것이다. 너의 목숨이 붙어 있는 한, 아무에게도 너의 자리를 양보하지 말아라. 네가 자식들에게 의지하는 것보다, 자식들이 너에게 의지하는 것이 낫다. 너는 무슨 일을 하든지 남보다 뛰어나게 하고 네 명예에 오점을 남기지 말아라. 네 수명이 다하여, 죽을 때가 오거든 네 재산을 나누어 주어라."(집회서 33:20-24)

이런 '지혜'가 통용되던 상황에서 예수가 탕자 이야기를, 아니 그 아들의 아버지 이야기를 꺼낸 것이다. 이 아버지는 바보다. 작은아들이 미리 유산을 상속해 달라면 호통을 치고 야단을 쳐도 시원치 않은데, 순순히 내준다. 그러고는 집을 나가 방탕하게 살다가 거지가 되어 돌아온 아들을 따뜻하게 맞아준다. 뭐 이리 무기력한가? 왜 못난 자식한테 휘둘리는가?

렘브란트의 그림에서 돌아온 탕자는 아기처럼 아버지의 품에 안겨 평안을 누린다. 그 모습을 지켜보는 큰아들의 얼굴에는 기쁜 내색이 없다. 작은아들이 유산을 미리 요구한 덕분에 자기도 이미 자기 몫의 유산을 받았으면서, 그것도 맏아들이라 전체의 3분의 2나 차지했으면서, 여전히 불만이다. 아버지가 아우를 환대하는 게 영 못마땅해 죽겠다. 자기를 위해서는 '염소 새끼 한 마리'도 준 일이 없다며 거칠게 대든다.(누가복음 15:30)

이 그림에서 사람들은 아버지의 두 손이 각각 다르게 그려진 데 탄성을 지른다. 한 손은 남자 손처럼 투박하고, 다른 손은 여자 손처럼 섬세하다. 이처럼 다른 두 손이 각각 하나님의 부성과 모성을 대변한다고도 말한다. 구약성서의 하나님은 정의와 심판의 하나님, 곧 '아버지' 같으셨지만, 신약성서의 하나님은 사랑과 자비의 하나님, 곧 '어머니' 같으신 분이라는 거다. 꽤 좋은 해석이다. 그러나 나는 아버지의 눈에 자꾸 마음이 쓰인다. 잃어버린 아들이 돌아오기를 얼마나 애타게 기다렸던지, 거의 실명한 것처럼 보이는 그 눈이 너무 슬프다.

　렘브란트는 이 작품을 1661년경부터 그리기 시작했다. 그런데 진도가 나가지 않았다. 아들이 십자가에 달려 죽는 순간에도 침묵하신 하나님, 세상의 온갖 추문과 조롱을 묵묵히 감내하는 하나님의 마음을 어찌 화폭에 담아야 할지 막막했다. 그렇게 질질 끌다가 마침내 죽는 해에야 완성할 수 있었다. 그 사이에 두 번째 아내 헨드리케가 자기보다 앞서 하나님 품에 안겼다.(1663년) 첫 번째 아내 사스키아가 남긴 티투스마저 하늘로 돌아갔다.(1668년) 이 지독한 슬픔을 통과했더니 비로소 하나님의 마음이 보였나 보다. 한동안 뜸했던 자화상을 계속 쏟아낸 것도 이 마지막 10년이었다.

　'신은 죽었다'는 한 마디로 기독교인의 '공공의 적'이 된 니체는 사실 누구보다 하나님을 이해한 철학자였다. 신이 죽었다면, 죽음에 이르게 된 원인이 있을 테다. 니체는 그 원인을 '사랑'으로 꼽았다. 하나님께서 자기의 형상으로 만든 인간, 자기의 생명까지 나눠준 인간이 너무나 추악한 걸 보고 큰 슬픔에 빠져 죽을 수밖에 없었다는 거다. 그러니까 인간이 하나님을 죽이는 방법은 간단하다. 자신의 창조주에게 한없이 못난 모습을 보여주면 된다. "인간에 대한 사랑이 신에겐 지옥이었다."(고병권, 『니체의 위험한 책, 차라투스트라는 이렇게 말했다』, 그린비, 2013: 110)

　렘브란트는 <탕자의 귀환>에서 사랑 때문에 스스로 십자가에 오른 하나님을 묘사한다. 사랑에 눈이 멀어 방탕한 아들(두 아들 모두 탕자다)을 무조건 용서하는 하나님의 은혜를 그린다. 인간의 추악함에 애써 눈을 감으며 죽기까지 사랑을 놓지 않는 하나님의 신실하심이 화면을 가득 채운다. 해 아래 모든 것이 헛되고 헛되나, 이 사랑만큼은 영원하다.

이 몸이 당신 머무시는 집이라니요!
오장육부 다 썩고,
겉은 만신창이인데다,
속은 온갖 더러움으로 오염되어 있는데
당신은 한 분이시면서도
모든 사람의 몸에
한 몸에만 계시듯
그렇게 충만하게 계시다니요!
우리가 아플 때는
당신도 아프시겠네요
생로병사, 희로애락을
우리와 같이 하신단 말인가요
이 몸이 육신의 장막을 벗는 날
당신께서는 우리를 떠나시나요
"떠나긴, 그때는 네가 내게 오는 거지
그때부터는 네가 내 안에 사는 거지"
- 민영진, <이 몸이>
(민영진 시집, 『유다의 키스』, 창조문예사, 2013: 11)

11. 공동체

유토피아를 꿈꾸다

11. 공동체
- 유토피아를 꿈꾸다

'행복의 나라'는 어디에*

한국 '모던 록'의 대부로 일컬어지는 한대수(1944-)의 노래를 새삼스레 들어본다. 1970년대에 만든 노래들이라는데, 지금 들어도 여전히 좋다. <행복의 나라로>, <물 좀 주소> 같은 노래들은 과연 명곡이다. 언젠가 '핵 없는 세상'이라는 시민단체에서 <행복의 나라로>를 개사하여, 원자력 발전에 과도하게 의존하는 '위험한 나라' 말고 '태양과 바람의 나라'로 가자고 노래하는 걸 들은 적이 있다. 몸매가 좋으면 뭘 걸쳐도 어울린다더니, 곡이 좋으니까 어떤 가사도 척척 입에 붙는구나, 생각했었다.

미국 '뉴요커'로 히피 문화에 젖어 살던 그가 1968년에 귀국했다. 그 무렵 이 땅은 그야말로 '암흑기'였다. 조승우 주연의 영화 <고고 70>(2008)에 잘 묘사된 대로, 길 가던 청년의 머리카락이 조금만 길어도 곧장 '장발 단속'에 걸려 '바리깡'이 날아왔다. 인간의 자유와 존엄이 저당 잡힌 엄혹한 군사독재 시절, 자기도 모르게 터져 나온 노래들이 바로 <행복의 나라로>, <물 좀 주소>였다.

하지만 이 노래들은 세상에 나오자마자 당국의 검열에 걸려 '불온가요'로 몰리는 수모를 당한다. '경애하는 박정희 대통령께서' 이만큼 먹고 살게 해 주었으면 행복한 줄 알아야지, 왜 다른 데서 '행복의 나라'를 찾냐는 논리였다. <물 좀 주소>도 그렇다. 이 정도로 배곯지 않게 해 주었으면 '타는 목마름'이 있을 까닭이 없어야지, 왜, 무슨 연유로 갈증이 나며, 또 무엇에 갈급하냐는 거다. 지금 생각하면, 코웃음이 날 정도이지만, 민주주의가 군홧발 아래 참혹하게 짓밟히던 시절에는 결코 '개그'가 아니었다.

한대수는 이른바 '쎄시봉 세대'로 불린다.[57] 티브이를 틀면, 그를 '쎄시봉 가수'라고 소개하는 방송도 더러 있다. 1970년대 한국사회의 대중문화는 쎄시봉이 주

---

* 이 부분은 내가 쓴 "한대수와 존 레논, 그리고 반 고흐", 『이제여기그너머』 10호(2016년 겨울)에 크게 기대었다.

[57] '쎄시봉'(C"est si bon)은 프랑스어로 '매우 멋지다, 훌륭하다'는 뜻이다. 프랑스의 유명한 상송 제목이기도 하다. 우리나라에서는 1953년 서울시 무교동에서 개업한 한국 최초의 대중음악감상실의 이름이 '쎄시봉'이었다. 영화 <쎄시봉>(2015)을 보면, 쎄시봉 열풍을 이끈 전설의 '트윈폴리오'와 관련한 음악 역사를 살필 수 있다.

도했다. 그 역시 쎄시봉에서 데뷔했으니, 그렇게 부른들 큰 잘못은 없을지도 모른다. 한데 나는 선뜻 동의할 수가 없다. 그와 세시봉은 어쩐지 결이 다른 것 같다.

그는 미국에서 난생처음 '한국인'으로 아웃팅(outing) 당했다. 이 땅에 있을 때는 별로 생각해보지 않았는데, 낯선 미국 땅에 가니 피부색이 하얀 사람들이 그를 보고 '차이니즈'(Chinese)라고 불렀다. 더 심하게는 '칭총'(Ching Chong)이라고 놀렸다. 차이니즈가 중국인이라면, 칭총은 '중국놈' 또는 '뙈놈'이라는 뜻이다. 서양 백인종이 동양 황인종을 싸잡아 비하할 때 그렇게 무식한 욕으로 부른다. 이런 부름말, 아니 이런 부름말 속에 담긴 저들의 시각이 한대수에게 돌연 '민족'을 일깨워주었다.

그러나 돌아온 한국 사회는 온통 쎄시봉 열풍에 휩싸여 있었다. 외국 노래들을 그대로 가져와 가사만 바꾸어 부르는 번안곡이 난무했다. 만약에 한대수도 이 대열에 합류했다면, 인생이 훨씬 편했을 거다. 미국 유학파라는 프리미엄을 적절히 활용해서 가끔 영어를 섞어가며 노래했다면, 단박에 돈과 인기를 거머쥐었을 테다. 그야말로 쎄시봉스러운 노래를 부르며 엄혹한 1970년대를 '서양 부르주아적 낭만'으로 채색했다면, 굳이 당국의 눈 밖에 나서 곤욕을 치르는 일은 없지 않았겠나?

하지만 그는 이 쉬운 길을 외면했다. 넓은 고속도로를 놔두고 굳이 좁은 가시밭길을 걸었다. 우리말과 우리 감성으로 우리 시대를 노래했다. <행복의 나라로>, <물 좀 주소> 같은 명곡들이 담긴 그의 1집 음반(1974)은 그런 고민의 산물이었다. 닫힌 시대를 향해 저항하는 메시지가 담긴 이 노래들은 세상에 나오자마자 즉각 봉인되는 운명에 처했다.

이듬해 나온 2집 음반 역시 마찬가지였다. 그 안에 담긴 <자유의 길>이라는 노랫말 중에 "쓰라린 자유의 길에 나는 지쳤다"는 구절이 문제였다. '자유의 길'을 '나그네 길'로 고치라는 지시가 내려와서 할 수 없이 고쳐 불렀는데, 어쩐 일인지

1절과 2절에서만 반영되고 3절 가사는 그대로 '자유의 길'로 나갔다. 그로 인해 혹독한 대가를 치러야 했다. 중앙정보부가 음반을 전량 수거해 폐기하고 마스터 테이프(레코드 제작 과정에서 여러 가지 조정 및 수정을 더해 완성한 프로그램 테이프)까지 박살 내는 '응징'이 가해졌다. 전곡이 금지곡이 된 건 불문가지다. 결국 '한국 최초의 히피' 한대수는 공포정치에 질려 이 나라를 떠났다.

미국에서 사진작가로 밥벌이를 하며 조용히 살아가던 그가 몽골계 러시아 부인 옥산나와 함께 다시 돌아온 건 2004년의 일이다. 환갑이 다 된 나이에 딸 양호도 얻었다. 그러나 행복도 잠시, 아내가 그만 병이 들고 말았다. 우울증과 알코올중독에 사로잡혀 무기력한 아내 대신에 집안 살림과 육아에 전념해야 했다. 생계벌이도 물론 그의 몫이었다. 신촌의 어느 비좁은 원룸에서 그렇게 힘겨운 삶을 꾸리던 이 불후의 아티스트는 끝내 서울살이를 견디지 못하고 지난여름 미국행을 택하고야 말았다. 아무리 생각해도 대한민국은 양호가 '양호하게' 살아갈 환경이 못 된다는 칼날 같은 한 마디를 남기고서.

존 레논과 예수, 아나키즘으로 통하다

한대수의 노래를 듣노라니 전설적인 비틀즈(Beatles) 멤버 존 레논(John Lenon, 1940-1980)의 <상상해보세요>(Imagine)가 겹친다. 존 레논은 제도로서의 국가와 종교, 그리고 사유재산이 없는 세상을 상상해보라고 초대한다. 정확히 말하면 국가주의와 종교주의, 그리고 자본주의에 대해 무조건 '아멘'으로 받아들이지 말라는 주문이다. 그가 보기에는 그런 이데올로기들이 세상을 지옥으로 만드는 요인인가보다.

그는 스스로 사회주의자라고 커밍아웃(coming out)하기도 했다. 이때의 사회주의는 특별한 정치적 색채를 띤 개념이기보다 그냥 군대와 경찰을 싫어하고, 특히 영국의 제국주의를 혐오한다는 소박한 의미였다. 그가 자기를 '아나키스트'(anarchist)로 이해한 것도 비슷한 맥락이다. 국가가 잘못하고 있는데도 무조건 눈을 감아주는 청맹과니로는 살지 않겠다는 거다. 말하자면 사회적 강자의 편에 서지 않고 약자의 편을 들겠다는 '낭만적 공동체주의'에 가깝다고나 할까?

이런 만큼 그가 자기 조국 영국이 북아일랜드를 식민지화하려고 책동할 때 기꺼이 항의한 것도 충분히 이해됨 직한 일이다. 우선 그는 영국 정부로부터 받은 공로 훈장을 반납했다. 또 1972년 1월 30일 영국군이 북아일랜드 런던데리에서 아일랜드 시위대를 향해 발포하여 14명이 숨진 '피의 일요일'(Bloody Sunday) 사태를 노골적으로 비난하기 위해 <일요일, 피의 일요일>(Sunday, Bloody Sunday)을 지어 불렀다. 그뿐만 아니라 음반 판매 수익금을 북아일랜드 독립투쟁에 희사하는 등, 저항적인 행보를 지속했다. 물론 이것이 극우 애국주의자의 눈에는 '좌익 빨갱이'로 비쳐 암살의 빌미가 되었지만 말이다.

존 레논 이야기를 하자니, 문득 고토쿠 슈스이(幸德秋水, 1871~1911)가 떠오른다. 그는 1910년 6월 일본 천황 암살을 모의한 죄목으로 붙잡혔다. 한데 체포 당시 품속에서 안중근(1879~1910) 의사의 초상이 그려진 엽서가 나온 거다. 그때 이미 안중근 의사는 중국 대련의 여순(뤼순)감옥에서 사형당한 지 석 달쯤 됐다. 일본인의 시각에서는 일본제국 총리대신 이토 히로부미(伊藤博文, 1841~1909)를 살해한 안중근이 꼼짝없이 '테러리스트'로 보일 테다. 이런 마당에 고토쿠가 안중근을 존경한다고 말했으니 얼마나 큰 충격이었겠는가? 그는 일본의 식민화 정책에 반대했다. 제국주의란 애국주의와 군국주의의 잘못된 만남이라며, 아나키즘에서 제국주의의 치료제를 찾았다.

아나키즘이 이런 뜻이라면, 예수의 사상과도 통하는 바가 있겠다. 예수는 유다 나라가 로마의 식민지배를 받던 시절에 태어났다. 식민지 청년 예수에게 참된 조국(祖國)은 어디였을까? 예수가 로마를 자기 나라로 생각했을 리 없다. 그렇다고 유대민족을 향해 독립운동에 나서자고 선동하지도 않았다. 그런 건 열혈 혁명운동가인 '젤롯당원들'(the Zealous)이 더 잘할 일이었다. 대신에 예수는 유대민족이든 헬라민족이든 로마민족이든 아니면 우리 같은 배달민족이든 자신이 속한 나라보다 더 큰 나라, 이름하여 영원한 나라인 '하나님 나라'(Basileia tou theou)에 들어갈 것을 촉구했다. 모든 길이 로마로 통하던 시대에 '로마 제국'(Basileia ton romaion)의 반대개념인 이 용어는 순식간에 지중해 전역으로 들불처럼 번져나갔다.

"황제의 것은 황제에게 돌려주고, 하나님의 것은 하나님께 돌려드려라"(마가복음 12:17)는 예수의 말도 유언비어처럼 떠돌아다녔다. 이 말은 '그들'이 예수를 책잡으려고 바리새파 사람들과 헤롯 당원 가운데서 몇 사람을 예수에게 보내어 "황제에게 세금을 바치는 것이 옳습니까, 옳지 않습니까? 바쳐야 합니까, 바치지 말아야 합니까?"(마가복음 12:14) 물은 맥락에서 나왔다. 그들이란 대제사장들과 율법학자들과 장로들로 구성된 교권주의자들이다. 평소라면 앙숙이었을 바리새인과 헤롯당원도 악을 도모하는 일에서만큼은 서로 손을 잡았다. 만약 예수가 세금을 바치라고 하면, 매국노로 몰릴 것이다. 바치지 말라고 하면, 내란 음모죄에 걸릴 판이다. 예수는 이 함정에 빠지지 않고 지혜롭게 답했다. '데나리온'(로마 은전) 한 닢을 가져오라고 하더니, 그 동전에 새겨진 초상이 누구의 얼굴이냐고 물었다. 당시의 관례상 로마 주화에 황제의 초상이 새겨진 건 그 주화가 황제의 것이라는 뜻이었다.

그러니까 "황제의 것은 황제에게, 하나님의 것은 하나님께 드리라"는 예수의 말은 황제의 것이라고는 고작(!) 돈밖에 없다는 소리다. 그것 말고 "하늘과 하늘 위의 하늘, 땅과 땅 위의 모든 것"은 다 "하나님의 것"이다.(신명기 10:14) 심지어 돈은 "일만 악의 뿌리"(디모데전서 6:10)여서 폭력과 결부되기 일쑤이므로 "칼을 쓰는 자는 사람은 모두 칼로 망한다."(마태복음 26:52)는 예수의 말은 로마 권력에 대한 저주요 심판이나 마찬가지였다.

예수는 세속의 어떤 권력에도 머리를 조아리지 않았다. 당대의 종교 권력이 정치 권력과 결탁해 어떤 식으로 부정부패를 저지르고 있는지 버젓이 보았기에, 그 자신이 신성모독 혐의로 불법 재판에 회부당했을 때도 침묵으로 일관했다. 이 침묵은 순응이나 체념의 태도가 아니었다. 불의한 재판절차에 대한 적극적 항변이요, 불의한 권력 남용에 대한 전적 부정의 의미였다.

예수 사후, 초기 기독교 공동체는 예수의 뜻을 철저히 받들었다. 예수의 가르침, 곧 '복음'을 "믿는 사람은 모두 함께 지내면서 모든 것을 공동으로 소유하고, 재산과 소유물을 팔아서 모든 사람에게 필요한 대로 나누어 가졌다. 그리고 날마다 한 마음으로 성전에 열심히 모이고 집마다 빵을 떼면서 순수한 마음으로 기쁘게 음식을 먹고 하나님을 찬양하였다. 그래서 그들은 모든 사람에게서 호감을 샀다. 주께서는 구원받는 사람을 날마다 더하여 주셨다"(사도행전 2:44-45). 이러한 초대교회의 삶은 '공동체 아나키즘'의 형태를 띤다.

그림 1 <네로의 횃불>, 헨릭 지미라즈키, 1876

공동체 아나키즘은 국가에 과도한 권력이 집중되는 현상을 경계한다. 그 대신 가정이나 학교나 교회나 기업처럼 사람들이 자발적으로 만들어낸 사적 단위, 곧 공동체를 통해 국가의 독재를 저지하고 개인의 자유가 더 많이 보장되도록 힘쓴다. 아무리 '공공의 복지'를 위한다는 고상한 명분이라도 그것이 한 사람의 인격을 짓밟는 일이라면 절대 허용하지 않는 정신이 아나키즘의 대의다. 하여 예수가 자신을 목자, 곧 아흔아홉 마리의 양을 버려둔 채 한 마리의 양을 찾으려 애쓰는 목자에 비유한 게 아나키즘과 연결된다고 보아도 무리가 없다.

아나키즘 사상이 이 땅에 소개된 건 1920년대다. 일본을 거쳐 수입된 탓에, 일본식 번역을 따라 '무정부주의'라는 말로 유통됐다. 한데 어떤 단어에 '무'(無), '반'(反), '비'(非) 따위의 접두사가 붙으면 부정적인 뉘앙스가 얹어진다. 해서 이제라도 아나키즘의 뜻을 제대로 살려야 한다는 주장이 일리가 있다. 아나키즘의 필수조건은 '자유·자치·자연' 세 단어로 요약된다. 자유롭게, 자치적으로, 자연과 더불어 사는 사회를 지향하는 게 아나키즘의 바른 이해다.

'노란 집'으로 가자

빈센트 반 고흐는 화가이기에 앞서 열렬한 인문학도였다. 빈센트가 생전에 동생 테오와 친구들에게 쓴 편지들에 보면, 언급된 작가나 철학자만 해도 150여 명에 달하며, 언급된 책은 300권이 넘고, 언급된 문학 관련 내용은 800건이 넘는다. 그가 주로 인용한 작가들은 윌리엄 셰익스피어(William Shakespeare, 1564~1616), 빅토르 위고(Victor-Marie Hugo, 1802~1885), 찰스 디킨스(Charles Dickens, 1812~1870), 에르네스트 르낭(Joseph Ernest Renan, 1823~1892), 레오 톨스토이(Leo Tolstoy, 1828~1910), 에밀 졸라(Émile François Zola, 1840~1902), 알퐁스 도데(Alphonse Daudet, 1840~1897), 모파상(Guy de Maupassant, 1850~1893) 등인데, 대부분 당대의 종교와 정치에 저항해 반(反)문명의 길을 모색한 사람들이었다.[58]

빈센트는 가난한 무명화가였으므로, 늘 돈이 궁했다. 물감 살 형편조차 안 될 때도 많았다. 그때마다 도움을 준 이가 파리 몽마르트르 거리에서 화방을 운영하던 탕기(Julien François Tanguy, 1825~1894)였다. 빈센트의 그림에서 '탕기 영감'으로 등장하는 그는 빈센트의 그림보다도 생각, 곧 사회주의와 아나키즘이 융합된 사상에 매혹돼 값없이 도움이 베풀었다. 자본주의가 기승을 떨치던 세기말 유럽에서 돈이 매개되지 않은 인간관계란 얼마나 희귀한가? 탕기 영감과 빈센트의 우정에 대해 빈센트의 친구 베르나르(Émile Bernard, 1868~1941)는 이렇게 적었다.

> 탕기는 모든 인류를 서로 연결해. 언제나 고통스럽고 피비린내 나는 이기적이고 야심적인 투쟁을 없애는 절대적 사랑을 믿었다. 빈센트는 화가라는 점에서 그와 달랐을 뿐, 같은 이상을 가져 그러한 사회적 조화를 종교와 미학으로 삼았다.(편지 606, 1908.12.16)

---

58 하지만 빈센트는 일차적으로 화가의 정체를 지녔기에 화가들을 좋아했다. 대(大) 페테르 브뤼헐(Pieter Bruegel the Elder, 1525~1569), 페테르 루벤스(Peter Paul Rubens 1577~1640), 프란스 할스(Frans Hals, 1580~1666), 렘브란트(Rembrandt Harmenszoon van Rijn, 1606~1669), 들라크루아(Eugène Delacroix, 1798~1863), 오노레 도미에(Honoré Daumier, 1808~1879), 샤를 드 그루(Charles de Groux, 1825~1870), 콘스탄틴 뫼니에(Constantin Meunier, 1831~1905), 르누아르(Charles Paul Renoir, 1845~1924), 폴 고갱(Paul Gauguin, 1848~1903), 베르나르(Émile Bernard, 1868~1941) 같은 이들이 편지에 자주 언급된다. 이들 가운데 여럿이 사회주의자였고 아나키스트였다. 편지에 언급된 화가들의 작품 수만도 무려 1,100점이 넘는다. 제도권 미술 교육을 받지 않고 독학으로 공부한 흔적이 역력하다.

<탕기 영감의 초상>(1887)^{그림2, 3}은 두 가지 버전이 있는데, 뒷배경이 모두 일본스럽다. 당시 파리는 '야포니즘'(Japonisme)이 유행했다. 요즘 '한류'(韓流, Korean Wave)가 전 세계를 휩쓸 듯이, 그때는 일본풍을 따르는 흐름이 유럽 문화계를 강타했다. 특히 미술의 경우, 우키요에(浮世繪)라 불리는 에도(江戶) 시대의 풍속화가 인기를 끌었다.[59] 빈센트는 일상의 풍경이 담긴 우키요에풍 일본 판화가 '민중미술'의 전형이라고 여겼다. 어느 선량한 예술가 공동체가 가난한 민중들이 손쉽게 예술을 접할 수 있게끔 하기 위해 제작한 거라고 간주했다.

　이러한 생각이 그의 그림에 미친 영향은 매우 크다. 먼저는 그림의 색채가 전체적으로 밝아졌다는 점이다. 광부와 농부들이 흙처럼 어둡게 표현됐던 초기 그림들을 떠올려보라.(8장 '가난'을 볼 것) 빈센트의 후기 작품들이 원색을 사용한 선명한 색감을 띄는 건 파리 시절에 접한 우키요에의 영향이다. 그러나 빈센트는 일본 판화를 단지 모방한 게 아니었다. 자신만의 새로운 화풍을 창조하는 데까지 나아갔다. 강렬한 색조, 확고한 선, 각진 윤곽선, 가파른 지면, 색과 무늬와 원근의 명확한 대비 등은 일본 판화는 물론 인상파마저도 뛰어넘는 빈센트만의 개성이었다.(박홍규, 『절망 속에서도 희망을』, 268-9 참고)

　탕기 영감에게 물감값 대신에 초상화를 그려주면서 뒷배경으로 일본 판화를 집어넣으며 빈센트가 꿈꾼 것은 무엇일까? 그에게 일본, 곧 그가 알던 유일한 동양으로서의 일본은 어떤 의미가 있을까? 훗날 아를에서 빈센트는 테오에게 이렇게 썼다. "여기서 나는 더욱 일본 화가들처럼 소시민으로 자연 속에서만 살아가리라. 그쪽이 퇴폐적으로 돼 비참한 생각을 하기보다는 좋다고 너도 생각하리라. 만일 내가 상당한 고령까지 산다면 탕기 아저씨처럼 되리라."(편지 689, 1888.10.)

　그러니까 빈센트가 부잡스러운 파리를 떠나 고즈넉한 아를로 내려간 까닭은 이 시골이 '일본 화가들처럼 소시민으로 자연 속에서만 살아가'는 삶을 가능케 해주리라고 믿었기 때문이다. 파리라는 대도시는 그의 욕망마저 달뜨게 했다. 진

---

[59] 18세기 말 네덜란드 상인들에 의해 우키요에가 유럽에 소개되기 시작했다. 그러다가 1862년 런던 만국박람회와 1876년 파리 만국박람회에 우키요에 작품들이 대량 출품되면서 일종의 붐이 일어났다. 특히 인상파 화가들이 우키요에에 흠뻑 빠졌는데, 위에서 밑을 내려다보는 기묘한 시각, 대담한 색채, 물과 다리 모티브 등을 모방하는 경우가 많았다.

그림 2 <탕기 영감의 초상1>, 고흐, 1887   그림 3 <탕기 영감의 초상2>, 고흐, 1887

보적이고 다양한 사조와 사상이 봇물 터지듯 유입되어 술렁거렸지만, 산업혁명의 여파로 도시 빈민이 속출했다. 반(反)아카데미 화가들이 뭉쳐 '인상주의'(印象主義, impressionism)라는 장르를 열고 함께 활동하면서도, 자기들끼리 서로 깎아내리며 험담하는 분위기가 과열 양상을 보였다.

빈센트가 파리에서 그린 <자화상>(1886/1887)그림4, 5을 보면, 화가로 성공해 이름을 날리고 싶은 욕망, 지긋지긋한 가난을 벗어나 중산층의 반열에 오르고 싶은 솔직한 욕구가 투영돼 있다. 그러나 빈센트는 경쟁에 최적화된 인물이 아니었다. 자기 속에 똬리를 튼 세속적 욕망이 자기 영혼을 갉아먹고 있음을 금방 파악했다. 그가 아를로 내려가기 직전에 그린 <자화상>(1888)그림6에는 빈센트의 '트레이드 마크'인 불타는 눈동자가 없다. 마치 '좀비'처럼 영혼이 털린 듯한 검은 구멍 두 개가 피폐한 그의 내면을 말없이 대변한다. 손에 들린 붓은 더 이상 캔버스 위에서 춤추지 않는다. 감정이 메마른 공허한 표정이 곧 죽을 사람처럼 보인다.

빈센트는 살기 위해 아를로 향했다. 그러나 애초에 고독한 예술가로 혼자 살 생각은 아니었다. 마음이 맞는 화가들과 공동체를 꾸리고 싶어 했다. 가족마저 자본주의에 포로가 된 마당에 국적을 불문하고 뜻이 통하는 예술가들이 함께 살며 함

그림 4 <자화상>　　　　　　그림 5 <자화상>　　　　　　그림 6 <자화상>
고흐, 1886또는 1887　　　　　고흐, 1887　　　　　　　　고흐, 1888

께 작업한다면 그곳이야말로 유토피아일 거라고 믿었다. 이 계획은 매우 구체적이었다. 화가 열두 명을 모아 조합을 꾸리고, 각자 자기 작품을 다섯 점씩 내서 기금을 만들어 창작활동을 지원한다는 구상이었다.(편지 628, 1888. 7. 참고) 열둘이라는 숫자는 말하나 마나 예수의 열두 제자와 연결된다.

　이 위대한 꿈을 실현하기 위해 그는 '노란 집'을 통째로 빌린다.^{그림7} 의자도 열두 개를 들여놓는다. 이제 그의 자의식은 하나님의 보내심을 받은 사도다. 자기와 함께할 화가들도 '예술의 사도'가 될 테다. 빈센트는 이른 아침에 눈을 뜨자마자 화구를 챙겨 들고 밖으로 나가 그림에 몰두한다.^{그림8} 그림은 기도이자 수행이다. 게다가 그의 부름에 응답해 폴 고갱(Paul Gauguin, 1848~1903)이 아를로 내려온다잖는가? 신랑을 기다리는 신부처럼 빈센트는 설레는 마음으로 고갱을 맞이할 준비를 한다. 서둘러 고갱의 방을 장식할 그림을 그릴 참이다. 그 그림이 바로 <해바라기> 연작이다.^{그림9, 10, 11}

　드디어 노란색을 찾았다! 빈센트가 꿈꾸던 유토피아를 상징하는 '고유 색상'이다. 노란색은 그에게 하나님의 임재(臨在)를 뜻한다. '위로부터 내려오는 빛줄기'라고 할까? 하나님이 함께하는 존재에게서 뿜어져 나오는 따뜻한 사랑의 온

그림 7 <노란 집>, 고흐, 1888　　　　그림 8 <일하러 가는 화가>, 고흐, 1888

기를 담아낸다. 그래서 <해바라기>는 단순한 꽃 그림이 아니다. 하나님의 '임마누엘', 곧 예수 그리스도 자신을 가리킨다. 아침에 해가 솟구치면 해를 향해 온 존재를 활짝 개방했다가 저녁에 해가 떨어지면 이내 고개를 숙이는 해바라기야말로 하나님을 향한 예수의 절대적인 믿음과 순종을 가리키기에 적합한 꽃이 아니던가?

　하지만 현실은 가혹했다. 고갱은 빈센트의 사상에 동조해 수도원과도 같은 화가공동체를 꾸릴 의도로 내려온 게 아니었다. 빈센트의 동생 테오가 그의 도박빚을 대신 갚아주고 그림과 도자기 판매대금까지 선불로 치러준 덕에 울며 겨자 먹기로 내려온 거였다. 어차피 오래 있을 생각도 없었기에, 그는 둘이 함께 살게 된 기념으로 서로 맞바꾸기로 한 자화상을 성의 없이 그려주었다. 빈센트의 <자화상>과 비교하면 둘의 인식 차이가 얼마나 큰가? 이 차이는 빈센트가 그린 두 개의 의자에서도 적나라하게 드러난다.^{그림12, 13}

　빈센트의 의자는 소박하고 단순하다.^{그림14} 앉는 자리가 볏짚을 엮은 것처럼 자연 그대로인 데다 팔걸이조차 없다. 의자 위에는 빈센트의 애호품인 담배쌈지와 파이프가 놓여있다. 안락함이나 풍요로움과는 거리가 멀다. 반면, 고갱의 의자는 화려하고 정열적이다.^{그림15} 앉는 자리가 천 소재로 되어 있고 팔걸이까지 달렸는데, 그다지 편안해 보이지는 않는다. 의자 다리가 사방으로 뻗쳐 있기 때문이다. 고갱의 왕성한 호기심과 방랑벽을 의식한 것 같다. 의자 위에는 소설책 두 권과 불 켜진 촛대가 놓여있다. 아버지의 죽음 이후 고갱이 자기 인생의 버팀목이 되어주기를, 영혼의 교감을 나누는 대화상대가 되어주기를 바란 탓일까?

그림 9 <해바라기>, 고흐, 1888
그림 10 <해바라기>, 고흐, 1888
그림 11 <해바라기>, 고흐, 1888

둘이 함께 지낸 시간은 길지 않았다. 가치관에서 성격까지, 심지어 그림에 대한 견해까지 달라도 너무 달랐던 두 사람은 사사건건 말다툼을 벌였다. 이기는 쪽은 항상 나이도 많은 데다 성격까지 강한 고갱이었다. 인생 경험으로나 화가로서의 공력으로나 빈센트는 고갱에게 상대가 되지 않았다. 날씨가 추워진 탓에 집 안에 틀어박혀 작업하게 되자, 빈센트는 해바라기에 열중했다. 그런 빈센트의 모습을 고갱이 화폭에 담았는데, 이 그림은 선전포고에 가까웠다.[그림16] 빈센트는 화가로서의 자존감에 크게 상처를 입었다. 급기야 고갱은 함께 산 지 두 달 만에 결별을 선언하고 '노란 집'을 영영 떠나버렸다. 1888년 12월 23일 밤의 일이었다.

그림 12 <자화상>, 고흐, 1888

그림 13 <자화상>, 고갱, 1888

그림 14 <고흐의 의자>, 고흐, 1888

그림 15 <고갱의 의자>, 고흐, 1888

그리고 우리는 그 밤에 빈센트가 귀의 일부를 잘랐다^{그림17}는 사실을 알고 있다.[60]

어느 시대든지 인간의 공동체 실험이 성공하기란 지극히 드문 법이다. 심지어 유토피아의 꿈은 종종 디스토피아(dystopia)가 되기도 한다. 빈센트의 꿈 역시 신기루에 지나지 않았다. 하지만 실패한 꿈이라고 해서 무의미하다거나 무가치하다고 섣불리 평가해서는 안 된다. 실패해서 더 아름다운 꿈도 얼마든지 많다.

---

60 이 사건의 전모는 정확하지 않다. 고갱이 '해바라기를 그리고 있는 빈센트'를 그린 날, 그러니까 1888년 12월 22일 밤, 두 사람은 술집에 갔다. 화가 난 빈센트는 독주 압생트를 마셨다. 고갱의 말에 따르면, 빈센트가 자기에게 술잔을 던졌다고 한다. 다음 날 아침 빈센트는 고갱에게 사과했다. 고갱은 빈센트에게 자기가 떠날 것을 테오에게 편지로 알리라고 말하고는 집을 나와 여관에서 잤다. 다음 날 아침 집에 갔더니 빈센트가 귀를 자른 이야기를 하더라는 거다.(존 리월드, 『후기 인상주의 역사』, 정진국 옮김, 까치, 2006: 174) 그러나 15년 뒤 고갱이 다시 한 이야기는 다르다. 자기가 산책하는 도중에 뒤에서 발소리가 들려 돌아보니 칼을 든 빈센트가 달려들었단다. 강하게 노려보자 빈센트는 멈추고 집으로 도망갔다. 폴 고갱, 『우리는 어디에서 와서 어디로 가는가?』, 최경애 옮김, 가람기획, 1999: 33. 어쨌든 빈센트가 귓불을 자른 이야기를 우리는 오직 고갱을 통해서 밖에 들을 수 없다. 또 다른 버전으로는 술집에서 둘이 대판 싸우다가 고갱이 벽 장식으로 걸려 있는 펜싱 칼을 휘둘러 사고가 났다는 설도 있으나 확인하기 어렵다. 다만 친구가 피를 흘리며 누워있는데, 그걸 보면서도 즉시 파리로 돌아간 고갱의 태도도 이해하기 어렵다. 당시 아를에서 발간된 어느 일간지 신문은 1888년 12월 23일 밤 11시 반, 빈센트가 창녀촌 1번 집의 라셀(라헬)에게 자신의 잘린 귓불을 주며 잘 맡아달라는 말을 했고, 신고를 받은 경찰이 다음 날 '노란 집'에 출동해 빈센트를 즉시 병원으로 옮겼다는 것이다. 빈센트의 귀는 접합 수술이 불가능해 그냥 꿰매는 차원에서 끝났는데, 도리어 정신상태가 위험하다는 진단이 떨어졌다. 이후 빈센트는 고갱에게 사과 편지를 보내고, 창녀촌의 라셀에게도 감사한 다음, 자발적으로 아를 부근 생레미(Saint-Rémy) 사립요양원에 들어갔다. 아를 주민들이 그를 '식인종'이라고 부르며 집단으로 따돌렸기 때문이다. 그들은 시장에게 '미친 남자가 아이들과 여자들을 불안하게 한다'면서 정신병원에 수감해야 한다는 탄원서를 보냈다. '노란 집'마저 폐쇄되자, 빈센트는 더 이상 아를에서 살 수 없었다.

공동체 189

그림 16 <해바라기를 그리는 고흐>, 고갱, 1888

정작 무서운 건 실패가 두려워서 꿈조차 꾸지 못하는 소심함이다. 아니 소심하다는 핑계로 꾸역꾸역 현실에 순응하면서 사는 비겁함이다.

   그러니 꿈을 꾸자. 무릇 꿈이란 원대할수록, 이루기 어려울수록 가치롭다. 내 공이 된다면 지금 우리가 몸담은 세상 말고 전혀 다른 세상을 꿈꾸어도 좋다. 우리에게 주어진 세상이 오로지 이 세상뿐이라면, 우리네 삶은 얼마나 비루할 것인가? 지금 여기서 '우정과 환대의 공동체'를 이루려는 용감한 결단이 없고서야 불온한 시대를 어찌 건널 텐가? 그대와 내가 함께 손을 맞잡고 시린 몸을 녹일 수 있는 '노란 집'이 희망이다.

그림 17 <자화상>, 고흐, 1889

내 원체 이리 아름답고 무용(無用)한 것들을 사랑하오.
달, 별, 꽃, 바람, 웃음, 농담 뭐 그런 것들.
그렇게 흘러가는 대로 살다가 멎는 곳에서 죽는 것이
나의 꿈이라면 꿈이오.
- 드라마 <미스터 션샤인>에서 김희성(변요한 역)의 대사 -

<까마귀가 나는 밀밭>, 고흐, 1890

이 작품은 빈센트의 유작으로 알려져 있다.
자신의 죽음을 예견하기라도 한듯이
마을로, 하늘로 이어진 길과
까마귀가 나는 풍경이 스산하다.

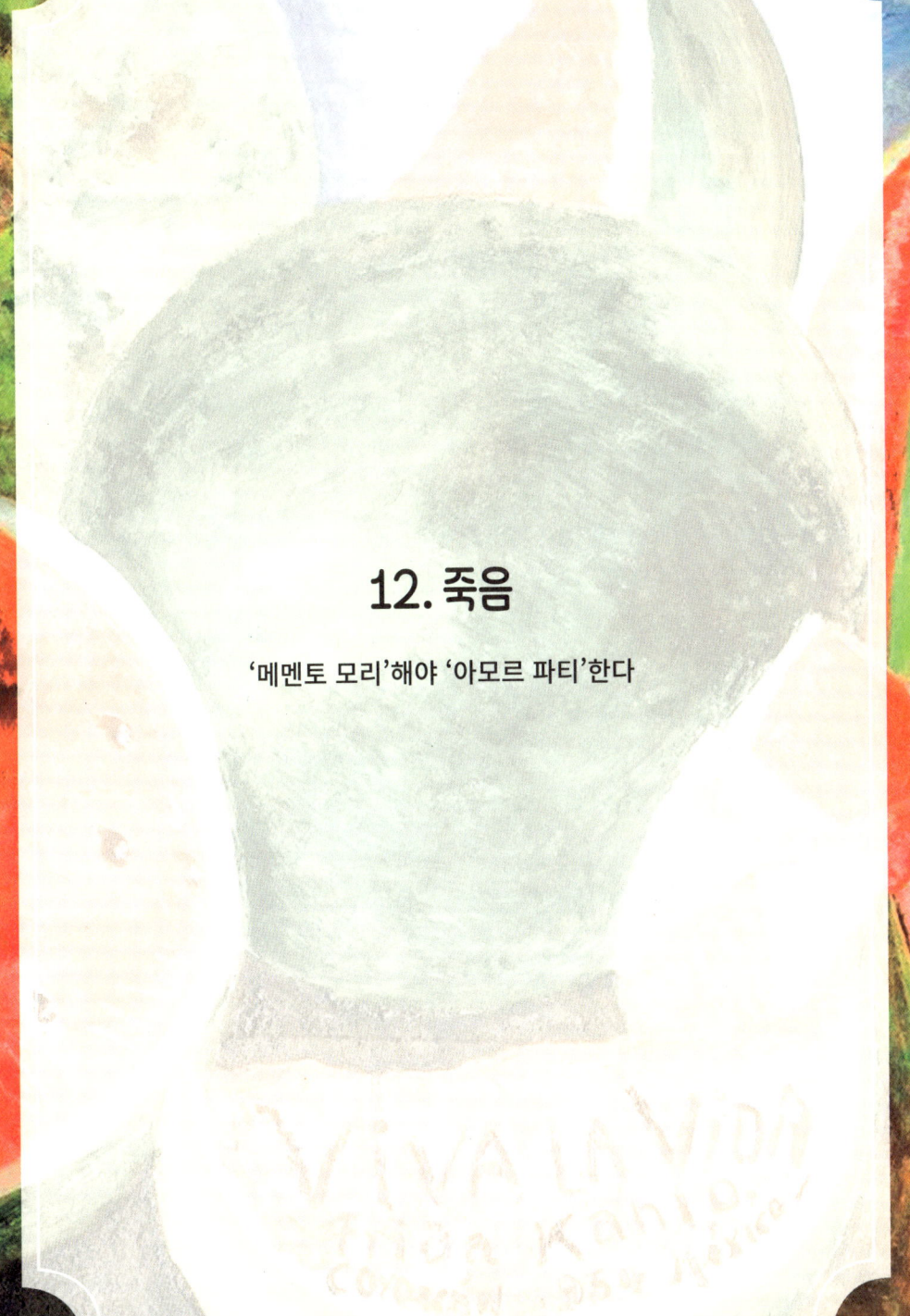

12. 죽음

'메멘토 모리'해야 '아모르 파티'한다

12. 죽음
- '메멘토 모리'해야 '아모르 파티'한다

인생의 세 단계

'화가들의 화가'로 불리는 스페인의 거장 디에고 벨라스케스(Diego Rodríguez de Silva y Velázquez, 1599~1660)가 <세비야의 물장수>(1617~23)^{그림1}를 그렸다. 인물의 살결과 항아리의 무늬가 손끝에서 만져질 듯이 섬세하고 생생하게 표현돼 있다. 빛과 그림자, 밝음과 어둠의 대비를 통해 강렬한 인상을 주는 건 바로크 미술의 특징이지만, 벨라스케스를 딱히 그런 전형에만 묶어두기에는 아깝다. <시녀들>(Las Meninas, 1656) 같은 그림은 나중에 피카소가 패러디할 정도로 대단히 천재적이다.

물장수가 고급 직업일 리 없다. 벨라스케스는 펠리페 4세의 궁정화가로서 왕족과 귀족의 초상화를 주로 그렸지만, 이렇게 평범한 보통사람들도 종종 주인공으로 내세웠다. 이 그림은 나이든 물장수가 젊은이에게 유리잔에 담긴 물을 건네는 장면이다. 한데 자세히 들여다보면, 밝게 빛나는 두 사람의 얼굴 사이 어두운 그림자 속에 또 한 남자가 희미하게 서 있다. 이 그림이 인기가 있었던지 여러 버전을 그렸는데, 어떤 그림에서는 이 중년 남자가 좀 더 눈에 잘 띄게 묘사돼 있고, 또 다른 그림에서는 아예 없기도 하다.

이 그림은 '인생의 세 단계'를 담아낸 것이다. 그림 한 장에 청(소)년, 중년, 노년이 다 들어있다. 유리잔은 일종의 계량컵일 테다. 청년은 노인에게 물을 사서 자기 항아리를 채울 것이다. 그러나 돈을 냈다고 하여 거만하게 굴지 않는다. 노인과 눈도 마주치지 못하고 낮은 자세를 취한다. 반면에 노인은 옷차림이 형편없지만, 비굴하지 않다. 얼굴의 주름이며 표정과 눈빛까지 흡사 현자나 예언자처럼 보인다. 제목을 모르고 본다면, 영락없이 지혜를 전수하는 장면 같다.

오스트리아의 상징주의 화가 구스타프 클림트(Gustav Klimt, 1862~1918)도 비슷한 도상을 재현했다. <여성의 세 시기>(1905)^{그림2}인 만큼, 이번에는 남자 대신에 여자들이 등장한다. 순서도 거꾸로다. 벨라스케스의 그림이 왼쪽에서 오른쪽으로 청년-중년-노년을 배치했다면, 클림트는 늙은 여성이 제일 왼쪽에 있다.

그림1 <세비야의 물장수>, 벨라스케스, 1618-22

피부는 거무튀튀하고 가슴은 축 늘어져 있으며, 임신과 출산을 반복한 탓에 배는 불룩하고, 등은 구부정하게 휘었다. 고개를 푹 숙인 채 한 손으로 얼굴을 감싼 모습이 울고 있는 것 같다.

정면에 보이는 금발의 젊은 여성은 여신처럼 보인다. 피부도 뽀얗고 몸매도 아름답다. 품에 안긴 여자아이도 토실토실한 엉덩이와 발그레한 뺨, 선홍빛 입술이 귀여움 그 자체다. 딸을 안고 있는 엄마는 딸의 머리에 자신의 뺨을 기댄다. 딸은 한 손으로 엄마의 젖을 만지며 안락감을 만끽한다. 아마도 그 때문에, 시중에 나도는 아트포스터나 명화 퍼즐 중에는 이 부분만 따로 잘라내서 판매하는 상품이 많은가 보다. '엄마와 아기'라는 신박한 제목까지 붙어 있어, 전혀 다른 그림인 줄 착각할 정도다.

벨라스케스의 남자들이 모두 눈을 뜬 채로 서로에게 집중하고 경청하는 모습인 데 반해, 클림트의 여자들은 죄다 눈을 감고서 서로를 바라보지 않는다. 할머니는 전적으로 소외된 채 방치돼 있고, 엄마는 엄마대로, 딸은 딸대로 서로 다른 꿈을 꾼다. 벨라스케스의 노인이 세계시민의 일원으로서 충분히 할 일이 있고 존재감을 뿜어낸다면, 클림트의 노파는 전혀 그런 지위를 확보하지 못한다. 여성은 젊고 아름다울 때만 환영받는 존재일까? 죽음을 앞둔 노파는 아무짝에도 쓸모가 없는 걸까?

언젠가 다른 책에서 일본의 극우 정치인 이시하라 신타로(石原慎太郎, 1932~)를 다룬 적이 있다. 젊어서 아쿠타가와상(일본에서 가장 권위 있는 문학상)을 수상할 정도로 괜찮은 작가였는데, 어쩌다 정치에 입문해 '독도는 일본 땅' 같은 망언을 일삼는 노인으로 추락했는지 알다가도 모를 일이다. 그가 한 망언들을 일일이 곱씹는 건 시간 낭비이지만, 이 글의 맥락상 이것 하나는 되새겨야겠다. "문명이 초래한 가장 유해하고 한심한 것이 할머니라고 하더라. 여성이 생식 능력을 잃은 뒤에도 살아가는 것은 낭비이고 죄라더라."(구미정, 『두 글자로 신학하기』, 포이에마, 2013: 131) '카데라' 통신을 인용해 사실은 자기주장을 펼쳤는데, 이에 분개한 도쿄 도내 20-80대 주부와 회사원 등 여성 121명이 1인당 1만 엔씩 손해배상 청구를 제기했다가 기각당했다. 그러고도 1999년부터 2012년까지 도쿄도지사 자리를 멀쩡히 유지했으니, 이 또한 알다가도 모를 일이다.

그림 2 <여성의 세 시기>, 클림트, 1905

그림 3 <여인의 세 시기와 죽음>, 발둥, 1541-44

클림트의 <여성의 세 시기>는 '할머니의 시간'을 살아가야 하는 여성들을 당혹스럽게 한다. 여성에게 노년기가 저렇게 무시와 방관, 빈곤과 고독 속에 던져진 삶을 의미한다면, 절대 반갑게 맞이할 수 있을 것 같지 않다. 그렇다고 젊은 시절이 마냥 좋은가 하면, 딱히 그렇지도 않다. 남성의 관음증적인 시선을 견뎌야 하는 한편, 성스러운 모성의 역할도 감당해야 한다. 이 불안과 역설은 여성이 자의적으로 선택했다기보다 사회가 강제적으로 요구한 측면이 많다는 데 곤혹감이 더하다.

하지만 '불편한 진실'은 따로 있다. 죽음이 인생의 세 시기 가운데 반드시 노년기에만 찾아오지 않는다는 사실이다. 독일 르네상스 절정기에 활약한 한스 발둥(Hans Baldung, 1484~1545)[61]의 <여인의 세 시기와 죽음>(1510)^{그림3}을 보자. 이 그림에도 어린 소녀와 젊은 여인, 나이든 여인 세 사람이 등장하는데, 주인공은 죽음이다. 사신(死神)의 오른손에 든 모래시계는 사람의 수명을 상징한다. 사신의 왼손에는 투명한 천이 쥐어져 있는데, 이 천이 어린 소녀와 젊은 여인을 가로지른다. 그런 줄도 모르고 소녀는 천을 뒤집어쓴 채 장난에 열중한다. 젊은 여인은 국부만 가린 채 거울 속에 비친 자기 모습에 탐닉하느라 정신이 없다. 모래시계가 그녀의 머리 위에 놓여 있으므로, 사신은 이제 곧 그녀를 데려갈 것이지만, 정작 그 젊고 아름다운 여인은 자신의 운명을 아랑곳하지 않는다. 죽음을 의식하고 맞서는 이는 늙은 여인뿐이다. 노파는 왼손으로 사신을 제지하면서, 오른손으로 젊은 여인의 거울을 받쳐준다. 인생은 짧고 죽음은 아무 때나 예고 없이 들이닥치는 법이니, 한창 좋을 때 그 순간을 즐기라고 말해주는 것 같다.

사마라에서 만나기로 한 약속

영국 작가 윌리엄 서머싯 몸(William Somerset Maugham, 1874~1965)은 『사마라에서 만나기로 한 약속』[62]이라는 단편소설을 썼다. 죽음 앞에서 필사적으로 도망치려는 인간의 어리석음을 풍자한 작품이다.

---

61 독일 르네상스와 매너리즘 회화를 이끈 알브레히트 뒤러의 공방에서 배워 '뒤러의 가장 뛰어난 제자'라는 수식어를 갖게 된 화가다.
62 John O'Hara, *An Appointment in Samara,* as retold by William Somerset Maugham(New York: Harcourt, Brace & Company, 1934).

바그다드의 어느 상인이 하인더러 시장에 가서 물건을 사 오라고 시켰다. 그런데 시장에 갔던 하인이 새파랗게 질린 얼굴로 되돌아와서는 이렇게 말하는 것이었다.

"저는 지금 사람들이 붐비는 시장에서 한 여인과 마주쳤는데, 바로 사신이었습니다. 저를 보고 위협하는 얼굴이 어찌나 무섭던지…. 그러니 주인님, 제발 저에게 말을 내어주십시오. 바그다드를 떠나 멀리 사마라로 도망가서, 사신이 저를 찾지 못하게 숨겠습니다."

상인은 하인에게 말을 내주었고, 하인은 전속력으로 달렸다. 하인이 떠난 후, 상인은 시장에 가서 사신을 찾아 물었다.

"오늘 아침에 내 하인을 만났을 때, 어찌하여 그를 위협하셨습니까?"

그러자 사신이 대답하기를,

"위협한 적 없습니다. 단지 놀랐을 뿐이지요. 왜냐면 그 친구는 오늘 밤 사마라에서 만나기로 되어 있었는데, 바그다드에서 보았기 때문입니다."

죽음은 우리의 일상에 널려 있다. 죽음 앞에서 예외인 인간은 없다. 죽음을 피하려고 발버둥 쳐봤자 헛짓이다. 이 짧은 이야기는 그 자명한 진실을 에둘러 전한다. 여기서 사신이 여성으로 묘사된 것은 죽음을 뜻하는 라틴어 '모르스'(mors)가 여성 명사이기 때문이다. 아시시의 성 프란시스코(San Francesco d'Assisi, 1181~1226)가 죽음을 '나의 누이'라고 부른 것도 같은 이유다.

세상의 많은 것들이 아무리 불확실해도 인간이 세상에 태어난 이상 반드시 죽게 돼 있다는 사실만큼은 확실하다. 독일의 실존주의 철학자 마르틴 하이데거(Martin Heidegger, 1889~1976)가 말했듯이, 인간은 어쩔 수 없이 '죽음을 향해 가는 존재'(Sein zum Tode)다. 누구에게나 자기만의 '사마라'가 있고, '사마라에서 만나기로 한 약속'은 어김없이 지켜져야 한다. 이 사실을 빨리 받아들일수록 유익한데, 하이데거의 표현을 빌리면, 이렇게 죽음을 '선구'(先驅, Vorlaufen)할 때라야 비로소 삶이 생생한 의미와 가치로 다가오기 때문이다.

그런데도 인간은 죽음을 피하고 싶어 한다. 자기의 죽음, 곧 일인칭 죽음은 말할 것도 없고, 자기와 가까운 이의 죽음, 곧 이인칭 죽음에 대해서도 선뜻 인정하기를 꺼린다. 죽음이 '자애로운 누이'이기는커녕 '난폭한 폭군'처럼 여겨진다. '자연사'니 '호상'이니 하는 말들도 위로가 되지 않는다. 인간의 죽음은 본질상 모두 '피살'이라고 울부짖으며 가해자 찾기에 골몰한다.

렘브란트가 1632년에 <툴프 박사의 해부학 교실>[그림4]을 그렸다. 이제 막 암스테르담에 입성한 렘브란트는 이 작품으로 일약 스타 화가가 된다. 당시 네덜란드는 신흥 부르주아 계급의 탄생과 함께 집단초상화 붐이 일고 있었다. 왕족과 귀족의 전유물이던 초상화에 돈을 들이부을 수 있을 만큼 재력을 확보한 이들은 자신의 부를 과시하기 위해 실력 있는 화가에게 초상화 제작을 의뢰했다.

집단초상화의 가격은 그림에 얼굴이 등장하는 사람 수대로 균등분할이 원칙이므로, 누구 하나를 주요인물로 부각해 그리면 나머지가 불평할 위험이 컸다.

그림 4 <툴프 박사의 해부학 교실>, 렘브란트, 1632

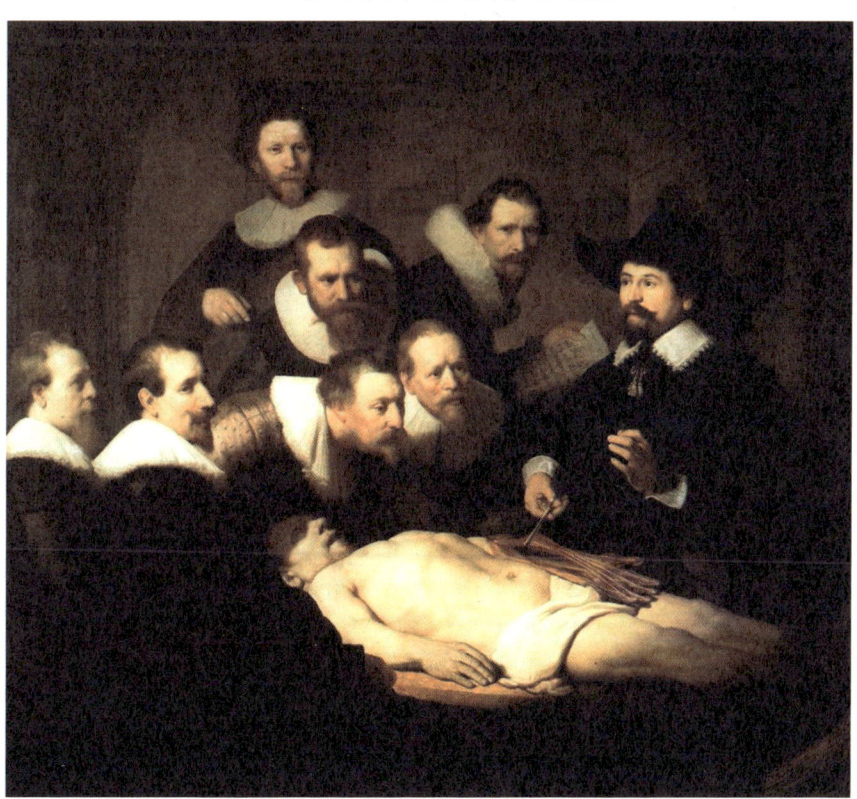

그러나 렘브란트는 이 공식을 과감히 깨고 툴프(Nicolaes Tulp) 박사를 주인공으로 내세웠다. 외과 의사인 그는 네 차례나 암스테르담 시장을 지낸 부르주아의 전형이었다. 그림에 등장하는 일곱 명 가운데 두 명도 의사였다고 전해진다. (툴프 박사의 오른쪽 어깨 위로 종이 한 장이 보이는데, 거기에 적힌 글씨가 돈을 낸 사람들의 명단이다.)

집단초상화라면 그림에 등장하는 사람들 모두 정면을 바라보는 게 상례다.^{그림5} 우리가 단체 사진을 찍을 때를 떠올려 보라. 카메라맨이 소리치지 않는가? 자, 앞을 보시고, 눈 크게 뜨시고, 하나둘셋 찰칵! 물론 요즘 신세대들은 그런 '올드'한 방식을 선호하지 않는다. 동시에 하늘을 향해 점프하거나 각자 재미있는 동작을 취하거나 한 사람에게 멋짐을 몰아주고 나머지는 기꺼이 굴욕을 감내하거나 그런 다양한 장면을 연출한다.

그림 5 <6명의 직물조합 이사들>
피테르 피테르스존, 1599

렘브란트가 <툴프 박사의 해부학 교실>에서 시도한 게 바로 이런 종류의 연출이다. 툴프 박사가 시신의 왼팔을 해부하면서 힘줄이 어떻고 핏줄이 어떻고 열심히 설명한다. 나머지 등장인물들은 그의 말을 경청하기도 하고 한눈을 팔기도 한다. 렘브란트는 등장인물들을 삼각형 구도로 배치해 안정감을 더하는 한편, '빛의 화가'답게 등장인물들의 얼굴에 골고루 '스포트라이트'를 비춤으로써 생동감을 살렸다. 단순히 주문자의 요구에 봉사하는 단체 초상이 아니라 관람객 모두가 실제로 해부학 강의를 듣고 있는 듯한 명장면을 연출했다. 당시로는 핵폭탄급 파격이 아닐 수 없었다. 보는 사람마다 '지금까지 이런 집단초상화는 없었다'고 환호했다.

문득 궁금해진다. 왜 하필 해부인가? 이 그림에서 적어도 다섯 사람은 의사가 아니라 그저 돈 많은 부르주아일 뿐인데, 왜 해부에 그토록 관심을 보이는가? 서양의 중세 때는 해부가 금기사항이었다. 로마가톨릭교회가 지배력을 장악하고 있는 터에, 동물이든 사람이든 죽은 것을 만지면 부정하다는(레위기 11장) 성서의 가르침은 무소불위의 법이었다. 그러다가 르네상스(Renaissance)가 도래하면서 서서히 금기가 풀리기 시작했다. 르네상스는 고대 그리스의 인문 정신을 '재생'(rebirth)하자는 운동이므로, 몸에 관한 생각도 긍정적으로 바뀌었다.

렘브란트가 활동하던 시기는 해부에 관한 관심이 급증하던 시대다. 일차적으로는 의사들이 해부에 적극적이었지만, 인체를 탐구하려는 조각가나 화가들의 열기도 만만치 않았다. 심지어 극장에서 공개적으로 진행되는 해부학 강의에 참석하기 위해 관람권을 구하려고 경쟁하는 진풍경이 벌어지기도 했다.[63] 단순한 호기심 때문만이 아니다. 그 시대의 분위기, 그러니까 근대의 여명기가 그랬다. 맹신(盲信)이 물러간 자리를 이성이 채우면서, 아무 때고 들이닥치는 죽음의 횡포에 당하고 있지만은 않겠다는 의지가 팽배했다. 이른바 과학의 이름으로 죽음을 정복하려는 욕망에 너도나도 편승했다.

죽음은 살아 있어야 한다

수많은 공상과학 영화들이 그런 욕망을 해부한다. 마이클 베이 감독의 <아일랜드>(2005) 같은 영화가 대표적이다. 과학기술이 발전하면 인간은 정말 죽지 않고 '영생불멸'할 수 있을까? 컴퓨터기술과 유전공학이 결합하면 호모 사피엔스(Homo sapiens)가 '호모 데우스'(Homo deus)로 진화하는 게 가능할까?[64] 이 질문에 대해 <아일랜드>는 나름의 답을 내놓는다. 설령 기술적으로 그런 일이 가능해도, 인간의 의식 수준이 향상되지 못하면, 기술이 재앙이 되는 건 시간문제라고 엄포를 놓는다. 그렇다면 다시 묻자. 인간은 왜 죽기를 거부할까? 삶과 죽음은 정말 이항대립일까? 죽음만 사라진다면, 과연 행복한 삶이 보장되는가?

---

63 렘브란트의 <툴프 박사의 해부학 교실>은 암스테르담 외과 의사 길드(guild, 장인이나 상인 계급의 상호 부조 조합)가 1년에 한 차례 공개 해부를 허락함에 따라 이루어졌는데, 연구에 따르면 정확히 1632년 1월 16일에 실제 진행되었다고 한다. 김학철, 『렘브란트, 성서를 그리다』, 대한기독교서회, 2010: 128 참조.
64 이 대목에서 나는 이스라엘의 거시역사학자 유발 하라리(Yuval Noah Harari)의 '호모 데우스'를 떠올린다. 호모 데우스는 '신이 된 인간'을 뜻한다. 몇 차례의 과학혁명으로 인간은 인류를 괴롭히던 기아, 역병, 전쟁을 통제하고, 신의 영역이라 여겨지던 '불멸, 행복, 신성'에 다가갈 날이 머지않았다. 하지만 그게 전부는 아니다. 그 자체가 인류 진화의 궁극인지에 대해서는 더 깊은 논의가 필요하다. 인간이 어째서 인간인지를 종(種)의 차원에서 진지하게 숙고해야 한다고 하라리는 제안한다. 『호모 데우스: 미래의 역사』, 김영사, 2015.

노벨문학상을 받은 포르투갈 작가 주제 사라마구(Jose Saramago, 1922~ 2010)는 이 단순한 질문을 소설화했다.

> 다음 날, 아무도 죽지 않았다. 삶의 규칙과 절대적인 모순을 이루는 이 사실은 사람들의 마음속에 엄청난, 그리고 이런 상황이라면 충분히 이해해 줄 만한 불안을 일으켰다. … 아파서 죽거나, 높은 데서 떨어져 죽거나, 자살에 성공한 사람이 한 명도 없었다. 명절이면 흥청망청한 분위기에 마음도 해이해지고 술도 거나하게 취해 누가 먼저 죽음에 이르는지 내기라도 하듯이 도로에서 서로 먼저 자리를 차지하려고 싸우다가 일어나는 자동차 사고에서도 사망자는 나오지 않았다. … 새해가 시작된 이래로, 더 정확히 말하자면 일월 일일 영시 이래로 전국에서 사망자가 나오지 않았다.(주제 사라마구, 『죽음의 중지』, 정영목 옮김, 해냄, 2009: 11-14)

그다음은 예상한 바다. 사람들은 저마다 환희의 송가를 불러댔다. 신문과 방송도 '새해 새 생명' 어쩌고 하면서 온갖 감언이설을 늘어놓았다. 자기 나라에서 일어난 이 뜻밖의 '행운'을 축하하기 위해 누군가 창문에 국기를 내다 걸었더니 이내 전국 규모로 퍼져나갔다. 온 나라가 잔치 분위기에 휩싸였다.

하지만 이 축제의 거품은 오래 가지 못했다. "첫 번째 공식 민원은 장의업계에서 나왔다. 사업 재료를 무자비하게 박탈당한 장의사들은 두 손으로 머리를 감싸는 고전적인 제스처를 취하며 슬픔에 잠겨 합창으로 울부짖었다."(윗글, 30) 병원에서도, 요양원에서도 연달아 불만이 터져 나왔다. "콧물을 닦아주고, 지친 괄약근을 돌봐주고, 밤에 일어나 요강을 가져다줄 시간이나 인내심이 없는 가족의 마음의 평화를 위해 마련된 자선기관들도 곧 나서서 병원이나 장의사들이 그랬던 것처럼 통곡의 벽에 머리를 찧었다."(윗글, 35) 보험협회도 가만히 있지 않았다. 종교계라고 예외가 아니었다. 죽음이 사라지니 여기저기서 당장 '밥줄'이 위태롭다고 아우성을 쳐댔다.

'죽음의 중지'가 부른 파장은 실로 잔인했다. 태어난 지 몇 달밖에 되지 않은, 의사가 살 가망이 없다고 선고한 자식들을 품에 안고 국경을 넘는 부모들이 생겨났다. 살날이 얼마 남지 않은, 겨우 숨만 쉬고 있는 노쇠한 부모들을 수레에 실고 국경을 넘는 자녀들도 많았다. 국경 너머에서는 여전히 죽음이 제 역할을 하고 있다는 사실에 안도하면서 말이다. 이쯤에서 소설은 주제의식을 드러낸다. 죽음이 죽이기를 그만둔 이유가 밝혀진다.

> 그건 나를 그렇게 혐오하는 사람들에게 언제까지나 산다는 것, 영원히 산다는 것이 어떤 의미인지 맛을 좀 보게 해주려는 것이었어요, … 따라서 체념하고, 저항 없이 죽으세요. 저항해 보았자 아무 소용이 없을 테니까요.(윗글, 133)

여기 언급된 '체념'을 삶을 단념한다는 의미로 받아들이면 오해다. 의학적으로 달리 더 해볼 게 없는 환자에게 '어차피 죽을 테니 다 소용없다'는 식의 '자포자기'를 권하는 말이 아니다. 주제 사라마구가 죽음의 입을 빌려 강조한 '체념'은 죽음학의 권위자 엘리자벳 퀴블러 로스(Elisabeth Kübler-Ross, 1926~2004)가 말한 '수용'과 가깝다.[65] 어느 때 죽음이 찾아오더라도 당황하거나 겁먹지 않고 평온하게 그리고 품위 있게 죽음을 맞이하는 태도를 가리킨다.

렘브란트의 삶에는 죽음의 그림자가 늘 따라다녔다. <툴프 박사의 해부학 교실>이 눈부신 성공을 거둔 탓에 2년 뒤인 1634년 귀족 아내와 결혼하는 행운을 누렸지만, 그림6 영원히 행복할 것만 같았던 신혼의 단꿈은 오래 가지 않았다. 아내 사스키아(Saskia van Uylenburgh, 1612~1642)가 낳은 아기 셋이 얼마 살지 못하고 줄줄이 세상을 떠난 것이다. 1636년에는 아들을, 1638년과 1640년에

그림 6 <아르테미시아>, 렘브란트, 1634

---

65 '호스피스' 운동을 최초로 시작한 의사이며 사상가인 엘리자벳 퀴블러 로스는 임종환자가 죽음을 맞이하는 과정을 연구해 다섯 단계로 정리했다. 부정과 고립 단계, 분노 단계, 타협 단계, 우울 단계, 수용(순응) 단계가 그것이다. 이때의 수용이란 공포와 절망을 초극한 실존 상태에서 평온과 품위를 가지고 최후를 받아들이는 태도를 말한다. 그녀의 관찰에 따르면, 이 다섯 단계가 순차적으로 진행되는 것은 결코 아니며, 모든 사람이 죽음을 수용하는 단계까지 나아가는 것도 아니다. 엘리자베스 퀴블러 로스, 『인간의 죽음: 죽음과 임종에 관하여』, 성염 옮김, 분도, 2000.

는 연달아 딸을 잃었다. 그러다가 1641년에 아들이 태어나 애지중지 기르던 참에, 이번에는 아내가 시름시름 앓더니 이듬해 세상을 떠났다. 고작 서른의 나이로.

그뿐이 아니다. 렘브란트는 겨우 살아남은 어린 아들 티투스(Titus)를 위해 유모 겸 가정교사로 헨드리케(Hendrickje Stoffels, 1626~1663)를 고용했다.^{그림7} 이제 막 40대를 넘긴 렘브란트는 자기보다 스무 살 어린 헨드리케와 금방 사랑에 빠졌다. 헨드리케 역시 렘브란트를 사랑해 티투스를 잘 키우는 한편, 딸까지 낳고 살았지만, 무슨 운명의 장난인지 렘브란트보다 먼저 세상을 떠났다. 이제 렘브란트도 자기의 죽음, 곧 일인칭의 죽음을 직면할 때가 되었다.

그림 7 <강에서 목욕하는 헨드리케>
렘브란트, 1654

렘브란트는 1665년에 <제욱시스로 변장한 자화상>^{그림8}을 그린다. 제욱시스(Zeuxis)는 고대 그리스의 천재 화가였다. '트롱프뢰유'(trompe-I'oeil)라 불리는, 말 그대로 눈을 속일 정도로 똑같이 그리는 '눈속임' 기법의 대가였다. 특히 포도를 잘 그렸다. 그런데 파라시오스(Parrhasios)라는 경쟁자가 나타났다. 꽃을 잘 그린다는 소문이 자자했다. 둘은 서로의 장기를 마음껏 살려 대결을 펼치기로 했다. 희대의 맞수 게임이 벌어졌다.

그림이 완성된 뒤 사람들이 보는 앞에서 먼저 제욱시스가 자신의 그림을 덮고 있던 커튼을 들추었다. 실제와 똑같이 생긴 포도 넝쿨이 그려져 있었다. 어찌나 실물과 똑같은지 지나가던 새가 와서 쪼아댈 정도였다. 의기양양해진 제욱시스는 파라시오스에게 커튼을 젖혀달라고 요구했다. 그가 그린 꽃에도 나비가 날아와 앉을 수 있을까? 모두 숨을 죽인 채 지켜보는데, 파라시오스가 입을 열었다. "자네가 젖히라고 말한 그 커튼이 바로 내가 그린 걸세." 제욱시스가 한 대 얻어맞았다. 그는 깨끗이 패배를 인정했다. "나는 새의 눈을 속였지만, 자네는 새를 속인 화가의 눈을 속였으니, 자네가 이겼네."

그림 8 <제욱시스로 변장한 자화상>, 렘브란트, 1665

한데 원래 인간보다 조류가 시력이 더 좋지 않나? 오죽하면 '매의 눈으로 감시한다'는 말까지 있겠나? 독수리같은 맹금류는 사람보다 4-8배나 더 잘 볼 수 있어서 하늘 위에서도 땅의 먹잇감을 정확히 발견한다. 그렇다면 인간의 눈을 속인 파라시오스보다 새의 눈을 속인 제욱시스가 더 뛰어난 트롱프뢰유 화가가 아닌가? 어쨌든 제욱시스의 성격이 단순하고 화끈한 건 인정해야겠다.

기인답게 제욱시스의 죽음에 얽힌 일화도 드라마틱하다. 하루는 어느 못생긴 노파로부터 초상화 주문이 들어왔다. 단 '예쁘게 그려달라'는 요구조건이 붙었다. 제욱시스는 그림을 그리다가 도저히 참지 못하고 웃음을 터뜨렸는데, 그만

웃다가 '기가 막혀' 죽었다. 렘브란트의 <제욱시스로 변장한 자화상>은 그가 죽기 3년 전에 완성됐다. 자기도 제욱시스처럼 죽고 싶다는 소망을 담았다. 자세히 보면 그림 왼쪽에 죽음의 사자가 서 있다. 그 존재를 의식했는지 못했는지 화가는 정면을 바라보며 웃는다. 화가의 옷차림은 수수하기 그지없다. 성공과 출세에 대한 집착, 돈과 명예와 권력에 대한 욕망을 다 내려놓았다. 죽음이 코앞에 닥친 순간까지도 '여여(如如)하게' 평소와 다름없이 자기가 하던 일을 즐겁게 하면서 웃으며 세상과 작별할 수 있다면 그보다 더 만족스러운 인생이 없으리라.

죽음을 '수용'한 거장의 검박함에 절로 옷깃을 여미게 된다. 이것이야말로 하이데거가 말한 '죽음을 선구'하는 자세다. 삶의 끝에 버티고 있는 죽음을 미리 끌어당겨 지금 여기서 마주하는 것, 다시 말해 '메멘토 모리'(Memento mori, 죽음을 기억하라)를 새기는 삶이야말로 일인칭의 삶, 곧 다른 누구의 것으로도 대체될 수 없는 고유한 자기 삶을 사는 것이다. 죽음의 가장 큰 교훈이 삶인 것을 아는 사람은 오직 한 번뿐인 삶, 다시 돌아오지 않을 '오늘'을 불평과 원망, 절망과 후회로 일관하기보다는 차라리 반짝반짝 살아내는 편을 택한다.

그래서 '메멘토 모리'는 '아모르 파티'(Amor fati, 네 삶을 사랑하라)와 동전의 양면을 이룬다. 아모르 파티는 보통 '운명애'로 번역된다. 이때의 운명은 '팔자' 혹은 '숙명'과 다른 의미다. 나에게 주어진 삶을 기쁘게 받아들이는 '순명'의 다른 이름이다. "삶을 사랑한다면 그것과 친구가 되거라. 삶을 사랑함은 그것에 구속되는 것도 아니고 그것을 구속하는 것도 아니다. … 참된 사랑은 사랑하는 대상을 스스로 창조한다. 삶을 아름답게 재창조하는 것이야말로 삶을 사랑하는 것이다."(고병권, 『니체의 위험한 책, 차라투스트라는 이렇게 말했다』, 그린비, 2003: 147-8) 차라투스트라의 입을 빌려 니체가 말한다. 운명애란 운명을 아름답게 창조하는 것이라고. 그리고 모든 창조에는 고통이 따른다고.

> 창조하는 자가 있기 위해서는 고통이 있어야 하며 많은 변신들이 있어야 한다. 그렇다. 창조하는 자들이여, 너희들의 삶에는 쓰디쓴 죽음이 허다하게 있어야 한다! … 창조하는 자 스스로 다시 태어날 어린아이가 되기 위해서는 먼저 산모가 되어야 하고 산고를 마다하지 않아야 한다.(윗글, 148)

멕시코의 초현실주의 화가로 멕시코 화폐에 얼굴이 실릴 만큼 '국민화가' 대접을 받는 프리다 칼로(Frida Kahlo de Rivera, 1907~1954)는 평생을 지옥 같은 고통 속에 살았다. 여섯 살 때 소아마비, 열여덟 살 때 교통사고를 당해 척추장애를 입고 일생토록 서른두 번의 수술을 받을 정도로 죽음의 공포에 시달렸다. 그런 그녀가 마지막으로 그린 수박정물화는 경이로움의 극치다.[66] 정확한 제목은 <비바 라 비다, 수박>(Viva la Vida, Sandias, 1954)[그림9]인데, 풀이하면, 수박에다가 '인생이여, 만세'라고 서명했다는 뜻이다.

이 기이한 긍정의 힘은 대체 어디서 오는가? 죽을 때까지 침대에 묶인 채로 고통받다가 마흔일곱의 나이에 세상을 떠나면서 '인생이여, 만세'를 외치다니, 그녀야말로 진정한 디오니소스(Dionysos), 곧 삶을 긍정하는 신의 화신 '위버멘

그림 9 <비바 라 비다, 수박>, 칼로, 1954

---

66 프리다 칼로를 다룬 많은 책이 프리다가 이 그림을 그린 뒤 8일 만에 세상을 떠났다고 이야기한다. 그러나 한 미술평론가에 따르면, 1954년에는 프리다가 몰핀에 의지하면 안 될 정도로 심각한 상황이었기 때문에, 도저히 그림 작업을 하기 어려웠을 것이라고 한다. 아마도 <깃발이 있는 정물화>(1952)와 비슷한 시기에 <수박정물화>가 나왔을 것인데, 다만 1954년에는 자기의 죽음이 임박했음을 알고 이 그림에 붉은 물감으로 서명을 했을 거라는 추측이다. Salomon Grimberg, *Frida Kahlo: The Still Lives*, London, Merrell, 2008.

쉬'(Übermensch, 흔히 '초인'으로 옮기는데, 초인은 영어로 'Superman'이라 이해될 소지가 많아 그대로 위버멘쉬라 쓴다. 굳이 영어로 표현하면 'Overman'이 적합하다.)가 아닌가? 영국의 전설적인 록 밴드 콜드플레이(Cold Play)가 프리다의 작품에 감명을 받아 <비바 라 비다>를 불렀다. 삶에 지친 그대여, 지금 당장 이 노래를 찾아 흥얼거리자. 어쩌면 방전된 인생의 배터리가 충전될지도.

죽음이 살아 있지 못해서
삶이 이 지경이다.
죽음이 죽음과 함께 죽어버려서
살아 있음이 이토록 새카맣다.
삶의 정면이 이토록 캄캄하다.
…
죽음은 살아 있어야 한다.
죽음이 삶 곁에 살아 있어야 한다.
죽음이 생생하게 살아 있어야
삶이 팽팽해진다.
죽음이 수시로 말을 걸어와야
살아 있음이 온전해진다.

죽음을 살려내야 한다.
그래야 삶이 살 수 있다.
그래야 삶이 삶다워질 수 있다.
그래야 삶이 제대로 죽을 수 있다.

죽음을 살려내야 한다.
죽음을 삶 곁으로
삶의 안쪽으로 모셔와야 한다.
- 이문재, <백서 2> 중에서
(이문재, 『지금 여기가 맨 앞』, 문학동네, 2014: 132-3)

그림목록
(페이지순, 크기 : cm)

14 마태와 천사 2, 카라바조, 1602-03, 유화, 292x186, 로마, 산 루이지 데이 프렌체시 성당
15 마태와 천사 1, 카라바조, 1602, 유화, 223x183, 유실
16 마태와 천사, 렘브란트, 1661, 유화, 96x81, 상트페테르부르크, 에르미타시 미술관
18 펼쳐진 성서가 있는 정물, 고흐, 1885, 유화, 65.7x78.5, 암스테르담, 반 고흐 미술관
22 천체의 회전에 관하여, 코페르니쿠스, 1543 (책)
28 태초의 창조주 하나님, 윌리엄 블레이크, 1794, 수채, 23.3x16.8, 런던, 대영 미술관
28 천지창조, 미켈란젤로 부오나로티, 1508-12, 벽화 570x280, 바티칸, 시스티나 성당
28 에덴, 피테르 브뢰헬, 1615, 유화, 74.3x114.7, 헤이그, 마우리츠호이스 미술관
31 루터, 루카스 크라나흐, 1529, 유화, 25.5x39.5, 피렌체, 우피치 미술관
32 황금시대, 루카스 크라나흐, 1530, 유화, 105.3x73.5, 뮌헨, 바이에른주 미술 컬렉션
35 (이라크 수메르 사원)고대 우르에서 복원 된 지구라트
40 아브람에게 하갈을 소개하는 사래, 아드리안 베르프, 1699, 유화, 61x76, 뮌헨, 슐라이스하임 미술관
40 하갈을 아브람에게로 인도하는 사래, 마티아스 스토메르, 1637-39, 유화, 168x113, 베를린 국립미술관
42 이삭을 제물로 바치는 아브라함, 카라바조, 1603, 유화, 135x104, 피렌체, 우피치 미술관
42 이삭의 희생, 루벤스, 1620-21, 유화, 65x50, 파리, 루브르 박물관
44 이삭의 희생, 티치아노, 1542-44, 유화, 285x328, 베니스, 산타마리아 델라 살루트 성당
45 아브라함의 제사, 렘브란트, 1635, 유화, 133x193, 상트페테르부르크, 에르미타시 미술관
46 아브라함과 이삭, 렘브란트, 1645, 동판화, 13x15.8, 암스테르담, 국립미술관
46 아브라함과 이삭, 렘브란트, 1655, 동판화, 13.1x15.6, 비엔나, 알베르티나 현대 박물관
46 아브라함의 집행, 렘브란트, 1655, 소묘, 15.5x18, 베를린, 그림 박물관
49 론 강의 별이 빛나는 밤, 고흐, 1888, 유화, 92x72.5, 파리, 오르세 미술관
50 별이 빛나는 밤, 고흐, 1889, 유화, 92.1x73.9, 뉴욕, 현대미술관
53 딸과 함께 소돔에서 도망치는 롯, 뒤러, 1498, 유화, 41x52, 워싱턴, 국립미술관
53 롯과 딸들, 루벤스, 1610-16, 유화, 146x108, 슈베린, 국립중앙박물관
54 롯과 딸들, 브테바엘, 1600년대, 유화, 20.5x15.5, 상트페테르부르크, 에르미타시미술관
55 롯과 딸들, 알트도르퍼, 1537, 189x107.5, 빈, 미술사 박물관
56 롯과 딸들, 아르테미시아 젠틸레스키, 1635-38, 유화, 183x230.5, 톨레도 박물관
59 가인이 아벨을 죽임, 렘브란트, 1650년경, 소묘, 24.7x16.9, 코펜하겐, 국립미술관

61	**천사들을 섬기는 아브라함**, 렘브란트, 1646, 21.1x16.1, 유화, 개인소장
63	**바벨탑**, 피테르 브뢰헬, 1563, 유화, 155x114, 빈, 미술사 박물관
66	**아몬드나무**, 고흐, 1890, 유화, 92x73.5, 암스테르담, 반 고흐 미술관
72	**아테네 학당**, 라파엘로, 1510-11, 벽화, 700-500, 바티칸
73	**에덴동산**, 크라나흐, 1530, 유화, 114-31.8, 빈, 미술사 박물관
75	**하얀 십자가**, 샤갈, 1938, 유화, 140x155, 시카고 아트 인스티튜트
77	**모세**, 미켈란젤로, 1513-16, 235cm, 로마 (조각)
79	**십계명 돌판을 부수는 모세**, 샤갈, 1956, 석판화, 15.2x22.8, 니스, 샤갈 성서 메시지 미술관
80	**십계명이 새겨진 돌판을 던지는 모세**, 렘브란트, 1659, 유화, 136.5x168.5, 베를린, 국립 회화관
86	**토비트와 안나**, 렘브란트, 1626, 유화, 30x39.5, 암스테르담, 레이크스 미술관
87	**포목상 조합 이사들**, 렘브란트, 1662, 유화, 279x191.5, 암스테르담 국립미술관
89	**노인의 흉상**, 렘브란트, 1630, 에칭, 9.7x11.8, 암스테르담 국립미술관
89	**어머니 초상화**, 렘브란트, 1631, 에칭, 12.9x14.7, 센프란시스코 미술관
94	**토비야와 천사**, 안드레아 델 베로치오, 1470-75, 템페라화, 66.2x83.6, 런던, 내셔널 갤러리
94	**아버지를 치료하는 토비야**, 스트로치, 1635, 223.5x158, 유화, 상트페테르부르크, 에르미타시 미술관
95	**아버지의 눈을 뜨게 한 토비야**, 렘브란트, 1636, 에칭, 25.5x18.5 뉴욕, 메트로폴리탄 미술관
95	**눈 먼 토비트**, 렘브란트, 1651, 에칭, 16.1x15.8, 뉴욕, 메트로폴리탄 미술관
99	**아스파시아 집에서 알키비아데스를 찾는 소크라테스**, 제롬, 1861, 유화, 97.2x63.8, 개인소장
101	**수산나의 목욕**, 틴토레토, 1555, 유화, 117x54, 비엔나, 역사박물관
101	**수산나와 장로들**, 틴토레토, 1560, 유화, 238x167, 파리, 루브르 박물관
103	**수산나의 목욕**, 루벤스, 1609-10, 유화, 66x91, 로마, 보르게세 미술관
103	**수산나와 장로들**, 게르치노, 1617, 유화, 207x175, 마드리드, 프라도 미술관
103	**수산나와 장로들**, 렘브란트, 1647, 유화, 92.8x76.6, 베를린, 국립회화관
105	**수산나와 장로들**, 젠틸레스키, 1610, 유화, 121x170, 뮌헨, 바이젠슈타인 성
108	**목욕하는 밧세바**, 부르디숑, 1498-99, 유화, 17x24.3, 로스앤젤레스, 게티 미술관
108	**다윗 왕과 밧세바**, 얀 마시스, 1562, 유화, 197x162, 파리, 루브르 박물관
108	**분수대의 밧세바**, 루벤스, 1635, 유화, 126x175, 드레스덴, 국립미술관
109	**밧세바**, 렘브란트, 1643, 유화, 76x57, 뉴욕, 메트로폴리탄 미술관
113	**밧세바**, 렘브란트, 1654, 유화, 142x142, 파리, 루브르 박물관
116	**루크레티아**, 렘브란트, 1664, 유화, 101x120, 워싱턴DC, 국립 미술관

121	퀴엠의 집, 고흐, 1879, 수채화, 37.5x26.4, 암스테르담, 반 고흐 미술관	
122	어깨에 삽을 메고 있는 사람, 고흐, 1879, 스케치, 15.4x27.8, 유실	
122	일하러 가는 남녀 광부들, 고흐, 1880, 수채화, 오델로, 크뢸러뮐러 미술관	
122	여자 광부들, 고흐, 1882, 수채화, 오델로, 크뢸러뮐러 미술관	
122	예배드리는 회중, 고흐, 1882, 수채화, 38x28, 오델로, 크뢸러뮐러 미술관	
122	복권 판매소, 고흐, 1882, 수채화, 57x38, 암스테르담, 반 고흐 미술관	
125	이삭 줍는 사람들, 밀레, 1857, 유화, 112x84, 파리, 오르세 미술관	
125	두 농부 여인, 고흐, 1890, 유화, 64x50, 취리히, 뷔를레 재단	
125	하루의 끝, 밀레, 1865-67, 유화, 73x59.5, 개인소장	
125	하루의 끝, 고흐, 1889, 유화, 94x72, 코마키, 메나도 미술관	
125	흙 뒤집는 두 남자, 밀레, 1866, 파스텔, 94x70, 보스턴, 파인 아트 미술관	
125	삽질하는 두 사람, 고흐, 1889, 유화, 92x72, 암스테르담, 스테델릭 시립 미술관	
126	씨 뿌리는 사람, 고흐, 1888, 유화, 93x73.5, 취리히, 뷔를레 콜렉션	
127	씨 뿌리는 사람, 밀레, 1850, 유화, 82.6x101.6, 보스턴, 시립미술관	
129	만종, 밀레, 1857-59, 유화, 66x55.5, 파리, 오르세 미술관	
133	자화상, 고흐, 1888, 유화, 52x62, 캠브리지, 포그 미술관	
133	자화상, 고흐, 1889, 유화, 31x42, 암스테르담, 반 고흐 미술관	
134	감자먹는 사람들, 고흐, 1885, 유화, 114x82, 암스테르담, 반 고흐 미술관	
136	성모자상, 작자미상, 560?, 목판화, 49.7x68.5, 이집트, 성 카타리나 수도원	
138	옥좌의 성모, 치마부에, 1280, 280x427, 성 프란체스코 성당의 제단화	
139	애도, 조토, 1304-06, 185x200, 이탈리아, 스크로베니 성당	
140	무구한 이들의 학살, 조토, 1304-06, 벽화, 200x185, 스크로베니 예배당	
141	한국에서의 학살, 피카소, 1951, 유화, 209-109, 피카소 미술관	
142	1808년 5월 2일 : 맘루크의 돌격, 고야, 1814, 345x266, 유화, 마드리드, 프라도 미술관	
143	1808년 5월 3일의 학살, 고야, 1814, 347x268, 유화, 마드리드, 프라도 미술관	
144	비통한 부모, 콜비츠, 1932, 블라드슬로, 독일 전쟁기념관 (조각)	
145	피에타, 콜비츠, 1937, 베를린 (조각)	
145	피에타, 미켈란젤로, 1498-99, 174x195, 로마, 성 베드로 대성전 (조각)	
145	피에타, 뢰트겐, 1350, 채색목조, (높이)88.5, 본, 라인강 주립 박물관 (조각)	
145	씨앗들이 짓이겨져서는 안 된다, 콜비츠, 1942, 석판화, 오키나와 시키마 미술관	
148	담배를 물고 있는 해골, 고흐, 1885, 유화, 24.5x32, 암스테르담 반 고흐 박물관	

149 영원의 문에서, 고흐, 1882, 석판화, 36.5x55.5, 개인소장
149 영원의 문에서, 고흐, 1890, 유화, 64x80, 오데클로 크륄러 뮐러 미술관
150 슬픔, 고흐, 1882, 연필, 펜, 잉크, 27x44.5, 월솔, 뉴 아트 갤러리
152 팔복, 윤동주, 1940
155 대사들, 홀바인, 1533, 유화, 207x209.5, 런던 국립 미술관
158 갈릴리 바다 폭풍 가운데 있는 예수와 제자들, 렘브란트, 1633, 유화, 128x160, 유실
161 스데반의 순교, 렘브란트, 1625, 유화, 123.6x89.5, 리옹, 보자르 미술관
161 어리석은 부자, 렘브란트, 1627, 유화, 42.5x31.7, 베를린, 게멜데 회화관
162 절규하는 유다, 렘브란트, 1629, 유화, 102.3x79, 개인소장
164 십자가에 매달리는 그리스도, 렘브란트, 1633, 유화, 72.2x95.7, 뮌헨, 알테피나코덱 미술관
164 십자가에서 내려지는 그리스도, 렘브란트, 1633, 유화, 65x89.5, 뮌헨, 알테피나코덱 미술관
164 그리스도의 승천, 렘브란트, 1636, 유화, 68.5x92.5, 뮌헨 피나코텍 미술관
164 그리스도의 매장, 렘브란트, 1639, 유화, 영국 글래스고 대학 헌터 전용관.
164 부활, 렘브란트, 1639, 유화, 67x92, 뮌헨 피나코넥 미술관
165 해골이 있는 정물, 샹파뉴, 1671, 37x28, 르망, 테세 미술관
165 플로라, 렘브란트, 1634, 유화, 125x101, 상트페테르부르크 에르미타시 박물관
166 강둑에 앉은 거지로 변장한 자화상, 렘브란트, 에칭, 1630, 80x116, 런던, 대영 박물관
166 동양풍 옷을 입은 자화상, 렘브란트, 1631, 유화, 50.2x70.4, 암스테르담, 렘브란트 하우스 박물관
167 탕자로 분장한 자화상, 렘브란트, 1635, 유화, 131x161, 드레스덴, 옛 거장의 회화관
167 웃는 자화상, 렘브란트, 1628, 유화, 17.1x22.2, 개인소장
168 작업실의 화가, 렘브란트, 1629, 목판유화, 31.7x24.8, 보스턴 파인아트 미술관
169 사도 바울로 분장한 자화상, 렘브란트, 1661, 유화, 77x91, 암스테르담 국립미술관
170 탕자의 귀환, 렘브란트, 1669, 유화, 205x262, 상트페테르부르크 에르미타시 박물관
181 네로의 횃불, 헨리 지미라즈키, 1876, 유화, 705x385, 크라쿠프, 국립박물관
184 탕기 영감의 초상1, 고흐,1887, 유화, 51x65, 파리 로댕 미술관
184 탕기 영감의 초상2, 고흐, 1887, 유화, 51x65, 파리 로댕 미술관
185 자화상, 고흐, 1886 또는 1887, 유화, 32.5x41, 시카고, 아트 인스티튜트
185 자화상, 고흐, 1887, 유화, 37.2x44.5, 암스테르담, 반 고흐 미술관
185 자화상, 고흐, 1888, 유화, 50.5x65.5, 암스테르담, 시립미술관
186 노란 집, 고흐, 1888, 유화, 92x72, 암스테르담, 반 고흐 미술관
186 일하러 가는 화가, 고흐, 1888, 유화, 44x48, 유실

187 **해바라기**, 고흐, 1888, 유화, 60x73.5, 개인소장
187 **해바라기**, 고흐, 1888, 유화, 73x92.1, 런던 국제갤러리
187 **해바라기**, 고흐, 1888, 유화, 72x92, 뮌헨, 노이에 피나코텍
188 **자화상**, 고흐, 1888, 유화, 52x62, 캠브리지, 포그 미술관
188 **자화상**, 고갱, 1888, 유화, 50.3x44.5, 암스테르담, 반 고흐 미술관
189 **고흐의 의자**, 고흐, 1888, 유화, 73.5x93, 런던, 국립 미술관
189 **고갱의 의자**, 고흐, 1888, 유화, 72.7x90.5, 암스테르담, 반 고흐 미술관
190 **해바라기를 그리는 고흐**, 고갱, 1888, 유화, 91x73, 암스테르담, 반 고흐 미술관
191 **자화상**, 고흐, 1889, 유화, 45x51, 개인소장
192 **까마귀 나는 밀밭**, 고흐, 1890, 유화, 103x50, 암스테르담 반 고흐 미술관
195 **세비야의 물장수**, 벨라스케스, 1618-22, 유화, 80x105, 런던, 월링턴 미술관
197 **여성의 세 시기**, 클림트, 1905, 유화, 180x180, 로마, 국립 현대 미술관
198 **여인의 세 시기와 죽음**, 발둥, 1541-44, 유화, 61x151, 마드리드, 델 프라도 박물관
201 **툴프 박사의 해부학 교실**, 렘브란트, 1632, 유화, 216.5x169.5, 헤이그, 마우리츠호이스 미술관
202 **6명의 직물조합 이사들**, 피테르 피테르스존, 1599, 유화, 143x108, 암스테르담, 국립 박물관
205 **아르테미시아**, 렘브란트, 1634, 유화, 152x142, 마드리드, 프라도 박물관
206 **강에서 목욕하는 헨드리케**, 렘브란트, 1654, 유화, 47x61.8, 런던, 국립 미술관
207 **제욱시스로 변장한 자화상**, 렘브라트, 1665, 유화, 6582.5, 쾰른, 발라프 리하르츠 미술관
209 **비바 라 비다 수박**, 프리다 칼로, 1954, 유화, 60x51, 멕시코, 프리다 칼로 박물관